未来を創る

エジソン発想法

非常識なアイデアが
大成功を生む

浜田和幸
国際未来科学研究所 代表

ク（現在のGE）の創業社長でもあった。大恐慌前後の未曾有《みぞう》の経済危機に直面するも、持ち前の天才的発想力で困難をバネに企業を飛躍的に成長させたものである。ニューヨークのみならず、アメリカや世界で失業者が増え企業の倒産が相次いだ。しかし、エジソンは「最も恐れるべきは恐怖心そのものである」と述べ、消費者の不安心理を払拭するためのアイデアを次々と生み出した。その努力はこの世を去る直前まで続き、結果的にエジソンの起こした会社は百年企業として発展したのである。

「歴史は繰り返す」という言葉に真実があるとすれば、ほぼ100年前のこととはいえ、**エジソンの知恵や発想の中に、現在の世界が直面する危機的状況を乗り越える上で、役立つメッセージが隠されている**ということである。

そこで、本書ではエジソンの書き残した日記にあらためてスポットライトを当ててみた。原文は『トーマス・アルバ・エジソンの日記と観察（The Diary AND OBSERVATIONS OF THOMAS ALVA EDISON）』で、1914年から1930年にかけて書かれた日々の思索をまとめたもの。

そこには彼の妻マイナが「日本の手品師」と呼んだように、あたかもマジックの如く彼の日々の思いが、当時のみならず今日に至るまで、世界を覆うさまざまな課題の解決に力を与えてくれる「道しるべ」として蘇ってくる。現代の経営者やビジネスパーソンにとっても、現状を乗り越え、未来を創出していくヒントになる内容が満載されている。

たとえば、**不況克服法からビジネスの要諦《ようてい》、そして危機をチャンスに変え、ゼロから有を生んでいく発想の力。「考えには力がある」ということを、これほど的確に熱心に説き続けた先達も珍しい**のではないか。

人類の未来を見通そうと常に努力を重ねたエジソン。その発明王に対し、自然との共生の重要性を気づかせた東洋的思想や宇宙や霊界からのメッセージを受け取った発想の遠大さに注目し、今こそ我々自身の「道しるべ」とすべき時ではないだろうか。

エジソンの言葉の端々から、意外にも西洋的科学万能主義を超えた日本古来の自然観や人生観が読み取れるはずである。このような日本古来の価値観が世界の発明王を揺り動かした事実に思いを致せば、エジソンが決して偉人伝という埋もれた世界の住人ではなく、**我々の行く手を照らしてくれる生きた水先案内人**であることも理解できるだろう。

まさにエジソンは、希望の光をかざして、未来を生きる「不滅のエネルギー源」と言っても過言ではない。100年経っても、ますます輝きを増す発明王のメッセージ。じっくりと味わって頂きたい。

2009年5月

浜田　和幸

Ⅱ 人生を果敢に切り拓くコツ

第5章 「考える力」で付加価値を生む

第6章 もっと幸福になる生き方

Ⅲ 先見力で、未来を創り出せ

第9章 創造的人材を生む教育

第10章　若者の使命

第11章　機械文明の本当の恩恵とは

第12章　チャレンジし続け、超科学に踏み出せ

※本書箴言《しんげん》の出典
『The Diary AND OBSERVATIONS OF THOMAS ALVA EDISON』

(New York : Philosophical Library Inc, 1948）より。

※本書の箴言は、エジソンの晩年、70~80歳代で書かれたものがほとんどであり、正確には現在から約80~90年前となりますが、本書では「100年前」で統一しています。

※原著は、日記と観察メモから構成されていますが、本書では「日記」としています。

※本文の箴言部分は、全体の文脈を分かりやすくするため、意訳されています。

※箴言部分の原文は、一部、要約してあります。

混迷の時代をどう乗り越えるか

I

第1章

正体を見抜けば、不況は克服できる

エジソンへの質問

現代の世界経済は、特にアメリカで一世を風靡《ふうび》したマネーゲームがもたらした信用崩壊により、未曾有《みぞう》の危機に陥っています。

資本主義社会では何度も不況が起こりましたが、100年前のあなたは、戦争や世界大恐慌前の不況を乗り越え、発明を生かして新たな事業を次々起こし大成功させました。

そんなあなたから見て、経済危機を悪化させず、さらに脱出するためには、どんな考え方や工夫が必要でしょうか？

■エジソン本人が気に入っていたという肖像画。自分のサインを商標登録化するなど、ブランディングの元祖とも言える。

■「エジソン・ブリッジ」の開通記念パレード。

❶ 恐れこそ、不況の原因

不安の心理、
何かを恐れるという心理的状態が、
今の不景気の主たる原因なのだ。

The psychology of fear is the prime cause of the present depression.

今、あらためてエジソンの日記やメモを読むと、当時の経済状況が、２００９年１月に誕生したオバマ新大統領の就任演説で言及されている現状と、非常に似かよっていたことに驚かされる。

本書で取り上げた日記や観察が書かれた時期は世界大恐慌の直前。銀行は次々に倒産、大量の失業者が生まれ、人々はアメリカの未来に対し、疑心暗鬼に駆られ、まさに現代の世界的金融危機、不況と同じような状況だった。

しかしエジソンは、不況克服には、まず問題の所在を明らかにし、それを乗り越えることができると、自信を持つことが何より大事だと熱く記している。

今、アメリカの置かれている経済状況を見ると、みんなが右往左往し混乱状態にあることは、疑う余地がない。

こうした混乱状況を、どう克服（治療）するか。それには、三つの要素が必要となる。**第一が勇気、第二がやる気。そして、第三に一生懸命な勤労をもってすれば乗り越えることができると決意すること。**

不景気という状況であることは論をまたないが、それに心を痛めすぎたり、呑み込まれてはならない。そんな必要はさらさらない。ただし、それができるには、条件がある。すなわち、今、目前に立ちはだかる経済的な危機を、我々が自分自身で克服し乗り越えることができると固く決意して突進することだ。

その規模が大きかろうと小さかろうと、目の前の金融パニックや経済危機は、長い歴史から見れば、繰り返し現れたり消えたりしているものなのだ。決して今回初めてのことではない。

＊＊

今の、この不景気の原因は何か。なぜこういう不景気や厳しい経済的状況に立ち至ったかというと、〝経済の仕組みという機械〟にきちんと油を注ぎ、働かせるようにする普段の手入れを怠っていたからだ。

アメリカ経済という機械自体は、どこも悪くなっていない。ただ、その機械のどこかに、ごみがたまったか異物が入って、少しストップしているだけであって、障害物を取り除けば、以前と同じように機能するようになる。

ニューヨークの繁華街では、交通整理の警官や信号が、うまく調整されていないと、あっという間に渋滞してしまう。そういう時に、「そっちの車、ちょっとこっち」とか、「あっちのトラック、ちょっと向こうへ」と、交通整理専門の警官が、きちんと誘導し、的確な指示を出せば、交通渋滞もたちどころに解消される。

渋滞が解消されるだけでなく、以前より車の流れがスムーズになる。なぜなら運転手たちが、渋滞で待たされている間に、「ああ、時間をなくしてしまった。じゃあ、それを取り戻そう」という気持ちになるからで、障害物がなくなったあとは、それ以前よりもっと速いスピードでものが流れるようになるのだ。

不安の心理、何かを恐れるという心理的状態が、今の不景気の主たる原因なのだ。人々は不安を感じているが、我々の国アメリカはしっかりしていて、経済的な状況も、基本的にはどこもおかしくなっていない。だから、みんながしっかり取り組めば、最終的には必ず勝利できる。もちろん、戦争特需のような状態を期待するわけにはいかない。

負のスパイラルに陥ると、人々は自分の影にすらおびえるようになる。

〔1921年に記す〕

＊＊

エジソンは発明王だけに、経済を人間が動かしている機械にたとえ、不況は機械の調子が悪くなることと同じではないかと見ている。特に当時は、第一次世界大戦後、間もない時期でもあり、各地で紛争や災害などが起きており、現代とも状況は似かよっていた。突発的な社会的混乱や経済危機に影響を受けすぎ、きちんと対応できなかったことに問題があるというわけだ。

そして、たとえ話で交通渋滞と比較している。今ほどでないが、100年前のニューヨークでも、車が渋滞することが多かったことがうかがえる。

世界恐慌当時、ルーズベルト大統領は「恐れるべきは、恐怖心そのものである」と述べたが、エジソンはその何年も前に、何かを恐れる心理的状態が不景気の主たる原因だと看破し、警告を発していた。

少し前まで景気がよく、人々は恵まれた生活をしていたので、その流れが少しストップしただけで、交通渋滞にいらつき焦るのと同じように、恐れや不安に思うこと自体が事態を悪化させるという見立てである。

翻って今日のアメリカ経済や社会情勢はどうであろうか。実体経済は、それほど傷んでいないにもかかわらず、いたずらに恐怖の連鎖を起こして、ますます負のスパイラルに陥っているのではないのか。確かに一部の金融機関や自動車産業には強欲主義に毒され、ビジネスの本質を疎《おろそ》かにした面もある。しかし、アメリカ社会の根幹をなす健全な競争精神は失われてはいない。変革を進め、創造的破壊を厭《いと》わぬ心意気があるからこそ、チェンジを訴えるオバマ大統領が誕生したとも言えよう。

とすれば、エジソンの心理分析はそのまま、現代のアメリカに対して述べられているアドバイスのようではないか。

❷ 不況になると社会主義が流行る

なぜ社会主義的な発想が広まっているかというと、社会のあちこちで腐敗が見られるからだ。

Yes, I know the Socialist viewpoint. I guess the reason for their belief is that they see so much fraud everywhere.

アメリカは資本主義の国だが、エジソンの時代に、社会主義運動が巻き起ころうとしていた時期があり、彼は次のように危機感を募らせていた。

私も社会主義のものの見方はよく理解している。**なぜ社会主義的な発想が広まっているかというと、社会のあちこちで腐敗が見られるからだ。**

いわゆるインテリと言われる人たちの間で、社会主義の理想の部分に心を動かされる人たちが、とても増えてきている。

〔１９１４年に記す〕

奇《く》しくも現代のアメリカでも、サブプライムローン問題のみならず、５００億ドルものお金を世界中から集め、ねずみ講的な史上最大の詐欺事件を起こしたナスダックの元会長が逮捕されたように、信用を重んじるはずの金融機関ですら前代未聞の不正が相次いで発覚している。加えて全米各地で貧富や地域間格差が拡大し、失業どころか、住む家を失った人が何百万人と出ており、エジソンが遭遇した世界大恐慌の時と、よく似た社会状況になりつつある。

この危機を乗り越えるためと称し、オバマ大統領は、政府による不良債権の買い取り、破綻企業の公的資金による救済、大学など高等教育の実質無料化、国民皆保険制度の導入など、極めて社会主義的な政策を打ち出さざるをえなくなっている。そんなところからも、エジソンが危惧《きぐ》したような歴史をまた繰り返すことにならないかと懸念される。

❸ 経済繁栄・危機の歴史に学び、新しい仕組みをつくる

今の状況を脱したあと、
どんな新しい仕組みをつくっていくか。
これが大事なのだ。

Then we would know something to build upon.

極めて複雑な要素が絡み合い、金融危機や大恐慌は起こるものだが、エジソンの時代も、こうした経済問題が大きな課題として立ちはだかっていた。しかし彼は、発明王らしく実に緻密に解決策を講じている。

経済問題においては、いろいろな要素が複雑に絡み合わさった結果、一定の結果として金融危機などが起こる。

こうした問題を背景から理解し解決しようと思うと、頭をフル回転させ、科学的なデータをたくさん集めなければならない。

第一に心掛けるべきことは、今の経済問題を科学的に捉えることだ。なぜなら、自然界の秘密を発見するのと同じように、人間が行っている経済活動などが、行きすぎ軌道を外れると、いろいろな問題が引き起こされるからである。そういう問題を本当に解決しようとすれば、背後に隠されている要素を客観的に分析するアプローチが欠かせない。

私の場合、新しいものを発見したいと思った時には、まず図書館に所蔵されているたくさんの本、学術論文などを隈なく読む。手に入るものすべてを頭に入れるところから始める。

過去の人たちが成し遂げた実験や研究などをしっかり自分自身で追体験し、納得できるまで読み込むのが第一の段階だ。大事なことは、過去の人がやったことを分かった上で、今度は自分なりのやり方で、新たに実験や研究を積み重ねることである。

人間とお金、人間と欲望などの問題は、場合によっては数百年、数千年、ローマ時代にまで遡る必要があるほどだ。金融システムとはどんなメカニズムなのか、どういう過程を辿って崩壊していくのか。そこには繁栄と没落、成功と失敗など、歴史のサイクルというものが隠されていることに思いを馳せるべきである。

過去の経済繁栄や経済危機、経済崩壊の歴史を理解した上で、今の状況を脱したあと、どんな新しい仕組みをつくっていくのか。そのビジョンを創造することが大事なのだ。

〔1914年に記す〕

すなわち、過去を掘り返すだけでなく、不足部分を自分なりの方法で新たに試してみる必要があるということだ。

一定の結果を生み出そうと思えば、**過去の歴史を知ると同時に、どんな新しい構想や実験により経済体制を立て直すのか、シナリオを描く必要がある。**そこで初めて、新しい試みが意味を持ってくる。

今日のアメリカの最大の金融危機であるサブプライムローン問題への対策も然《しか》りで、10年前の日本ですでに起きたことと同じことを繰り返しているにすぎない。

アメリカは景気がいいので、土地や住宅の価値は右肩上がりに膨らむはずだから、たとえローンを返済できなくなっても、その時点で契約を反古《ほご》にすればお釣りがくる。そういう前提のもとで金融機関が返済能力のない低所得者にまでお金を貸し、格付け会社が金融商品にお墨付きを与え、ＣＤＳと言われる金融商品にして世界中にリスク分散した結果、ヨーロッパでも多くの金融機関がバタバタと倒れてしまっている。その津波は日本にも押し寄せているではないか。

「政府が銀行の抱えている不良債権を買い取る。新しい国営の買い取り銀行のようなものを作り対応する」「銀行と保険を分けないと、利益相反になる」、また逆に、「銀行はM&Aで規模を大きくしないと生き残れない」などと、危機を乗り越える方法やアイデアは、たくさん出されている。

しかし、それらがどれだけ効果を発揮することになるのか。どこかに見逃している過去の失敗事例もあるはずだ。それらを徹底して調べ上げ、きちんと学ばなければならないのだが、エジソンの言葉は、今一度よく検討してみよという警告に他ならない。しかも大事なことは、今の状況を脱したあとの新しい仕組みを具体的に提示することだという。これなくしては、アメリカの納税者は納得しないはずだ。

❹ 負のスパイラルを抜けるには

今はもう貧しさを嘆いている時ではない。
◆◆
失業者が求めているのは
お恵みではなく、
生きるために働く機会である。

Now is not the time
to cry poverty.
◆◆
It is not charity, but an
opportunity to make a living
that our unemployed want.

エジソンは、まるで現代のアメリカにアドバイスするかのように、不況克服には欠かせない条件があると述べている。

負のスパイラルを、上昇、すなわちプラスの方向に変えられるかどうかが運命の分かれ目と言えよう。プラスへの転換は十分できるが、それには欠かせない条件がある。どうすれば状況をよい方向に転換できるかというと、まずは、自信を取り戻すこと。恐怖に打ち克つことが何よりも大事だ。誰もが、政府やわれわれの経済システムは、十分、健全性を保っていると信じよう。

とはいえ、よりよい方向へ流れを変えるためには、まず目の前の現実を、自分勝手な都合のいい見方ではなく、真摯《しんし》に客観的に捉える視点が重要となる。

同時に、一人ひとりが、ある程度、欲望を抑え、あるいは自分が持っている時間やお金などを、人々のために提供し、あえて犠牲を払うことが大事だ。みんなが、互いに力を合わせることが難局を突破する第一歩になる。

多くの失業者たちに、仕事を取り戻させるにはどうすればよいのか。

今まで就いていた職場に、どうやって彼らを呼び戻すことができるか。

農場、鉱山、工場など、アメリカにはまだまだ雇用を吸収できるだけの仕組みがあり、働く場所が間違いなくある。とにかく今やらなければいけないことは、失業している人と仕事をどうマッチングさせるかである。そのためには、雇用促進を担う政府の窓口を、もっと効率よくし、すべての人に職を提供できる体制を整えることだ。

全体で見ると、人が余っているところと足りないところが偏在している。問題はどう情報を一元的に管理して、余っている人、職にあぶれた人を、人手が足りないところに持っていくかである。この対応をしっかりやれば、アメリカは広い国だから、十分、失業者を吸収することができる。

＊＊

さらに、公共事業をどう強化し、復活させるかということも見逃せない。公共事業は、あちこちで必要とされている。

不景気の時こそ、国や地方公共団体が率先して、学校建設や、政府の公共施設の修復・修繕、たとえば道路・上下水道の完備、公園整備に力を入れるべきだ。老朽化し、故障した公共の場や施設を対象に、公の力で事業を起こし、失業者の吸収に努めねばならない。

国や地方自治体にお金がないなら、国債や地方債などを発行し、その利率を高くして民間からのお金を吸収すればよい。

大事なのは、**今はもう貧しさを嘆いている時ではない**ということだ。そうではなく、持てる力を出し合って危機的状況を乗り越えようというメンタリティーが大事なのだ。

＊＊

失業中の人たちも、お金を恵んでもらったり、食べ物を施されることを望んでいるわけでは決してないはずだ。**失業者が求めているのはお恵みではなく、生きるために働**

く機会である。

〔1921年に記す〕

エジソンが繰り返し述べているのは、日本で言えばハローワーク的なところで、雇用促進を担当する政府の窓口が情報を一元化し、地域間で生じている雇用状態のミスマッチを効率よく改善し、広報活動を徹底することで、より多くの人に職場を提供することが大事だということである。

「自分に合った仕事を探すかどうか」ではなく、「自分に合っていようがいまいが、とにかく働ける場所を提供することが先決だ」と述べている。農場、工場がオートメーション化しているとはいえ、それらの生産性を加速させる意味でも、公共事業を強化、復活させよというわけだ。

現代のアメリカや日本でも不況対策がいろいろと議論されているが、100年前のエジソンも深刻な事態を懸念し、さまざまな救済策を提案していたのである。

ただ、公共投資は緊急処置にすぎない。**大事なことは、今は「貧しくなった」「格差だ」と、ぼやき嘆く時ではない**ということだ。何より危機的状況を乗り越えんとする挑戦的なメンタリティーが大事だという指摘は、そのまま現在の日本にも言えるのではないだろうか。

5 景気回復の突破口

どういう状況でも、とにかく生産性を高めることが大事である。

We must increase our output.

エジソンは、実際に消費者の欲するものを作り続けなければ景気は回復しないと指摘する。しかも、生産性を高めることを忘れずに、である。なぜなら、不況を脱したあとに訪れるチャンスをものにするには不断の努力がものを言うからだ。

＊＊

どういう状況でも、とにかく生産性を高めることが大事である。

正常な、普通の消費生活に戻らないと景気は回復しない。そういう気持ちを維持しないと駄目なのだ。

むちゃくちゃに贅沢《ぜいたく》をする必要はないが、不安の影におびえて人々が萎縮し、お金を使えなくなっては、ますます事態は悪くなるだけだ。こういう厳しい時だからこそ、通常の時期と同じ気持ちで過ごすことが意味を持ってくる。

アメリカも、景気がよかった時は、お金はあり余るほど出回っていた。ものの値段が高くても、給料はどんどん上がっていたから、みんな必要でないものまでホイホイ買っていた。しかし、そういうライフスタイルに慣れすぎ、行きすぎにブレーキがかからなくなってしまった。要は浪費生活にどっぷり浸かってしまったのである。

その反動で、必要なものまで買わないというまったく逆の状況になったと言える。極端から極端へ走るのではなく、その中間に景気回復のヒントが隠されている。

〔1921年に記す〕

エジソンは、このように人々が不安になるばかりでは、ますます泥沼に入り込むと警告している。

同時に、**行きすぎた強欲なマネーゲーム、金権体質を反省し、ノーマルな金銭感覚やラ**

イフスタイルに戻るきっかけにすべきだ、と述べているのだ。

同じようなことを、オバマ大統領もアメリカ国民に対して訴えている。その意味では、エジソンの日記からは、時代を見据える洞察力や、「未来を生きる」というインパクトのあるメッセージが読み取れる。

2008年にアメリカでベストセラーとなった『ビッグ・スウィッチ』(ニコラス・カー著)のサブタイトルは「エジソンからグーグルまで、世界の歴史を書き替えたアイデア」というもの。人々の心や意識を大きく変える(ビッグ・スウィッチ)力の代表として、エジソンはいまだ輝く光を発し続けているのである。

❻ 恐れを克服するには

自信を取り戻すということが、ほかのどんな要素と比較しても、いちばん重要である。

A restoration of confidence will do more to accomplish this end than any other factor.

実際に、ものを作り続けないと景気は回復しないと、エジソンは指摘する。

さらに彼は、景気回復には自分はもちろん、住んでいる地域、家族、会社、学校、組織が、自信を取り戻さなければならないと述べている。未来への自信を持つことで、現在の社会に欠けているものが見えてくる。

多くの人が必要としているものを作り出すことができれば、お金が流れるようになる。そして雇用も確保される。自分の手や足を使ってものを生み出し、そこで給料を得る。そのお金でノーマルな生活を送ることができる。真っ当な消費のサイクルが戻ってくるというわけだ。

自信を取り戻すということが、ほかのどんな要素と比較しても、いちばん重要である。

＊＊

これは、なかなかデータや数値的には表しにくい要素だが、恐れの空気や気持ちというものが、結果的には不景気をもたらしているのだ。

しかし、それも朝霧のように消えていくだろう。国民が自信を取り戻せば、銀行家も徐々にではあるが、もっと積極的にお金を貸すようになるはずだ。鉱山でも、もっとたくさん掘削するようになるだろう。製造業者も、もっと多くの人を雇うようになるに違いない。

とにかく、そう信じて、ノーマルな生活を一日も早く取り戻さなければならない。状況がよくなれば、みんなが少しずつ馬力をかけて、信号待ち、あるいは交通渋滞で止まっていた時に失った時間を取り戻そうとするだろう。

〔1921年に記す〕

景気や空気の「気」を捉えることが大切である。人々の不安感、恐れ、未来への不透明感が広がれば広がるほど景気はますます落ち込むと、エジソンは指摘する。

新しい流れが生まれるようにするには、その流れをせき止めていた障害物を取り除く必要がある。彼に言わせると、**最も大きい障害物が、自信を失った国民一人ひとりの弱い気持ち**に他ならない。

時を経て現在のアメリカは、アジア通貨危機や、日本のバブル崩壊時の経験から学び、政府の介入や公的資金の注入という形で「100年に一度」と言われる金融危機を乗り越えようとしている。

しかし、エジソンの日記を読むにつけ、アメリカの中にも経済危機克服のヒントになる過去の経験が十分にあったことに気づかされる。オバマ大統領や経済担当のアドバイザーたちにも、エジソンという偉大な先達のメッセージに耳を傾けてもらいたいものだ。

❼ 欲望の反省と、教育が道を開く

アメリカ人全員が、もう一度、人間がいかにお金に弱いかということを見つめ直す必要がある。

I wish we might excite the total population of this country with regard to this whole money question.

景気が悪くなると、人々はすぐ「銀行が貸し渋り、貸し剥がしをしているからだ」と言い、自分のことは棚に上げ、「職を失い再就職できず、景気が悪いのは、銀行の強欲経営者のせいだ」と、他人や環境のせいにする。これでは駄目だとエジソンは釘を刺している。

景気が悪くなると、人々は銀行のせいにする。しかし、これは危険な兆候であって、人々がきちんと教育を受けていないことの表れだ。

経済問題に関しては、**アメリカ人全員が、もう一度、人間がいかにお金に弱いかということを見つめ直す必要がある。**
人々は、いろいろな問題が起こって初めて学習する。

＊＊

経済に関する教育が必要である。経済の専門家たちが会議をするのではなく、一人ひとりが経済の仕組みやお金の流れに対する理解を深める必要があるのだ。

＊＊

我々が再び自分の足でしっかりと立つことができるようになるためには、我々自身が使うものの市場を、我々の手でもう一度、取り戻す必要がある。

〔1922年に記す〕

一人ひとりが、好景気の時にはおいしい思いをしてきたわけで、今こそ、自らの行動や考え方を反省すべき時だという。

経済問題に限らず、問題が起き切羽詰まって初めて、人々は「なぜ、こんなことになったのか。何とかしなければいけない」と学び始める。「気づき」が得られるなら、不況も再生への踏み台になる。

今日のアメリカでは、貯金や定収入がない人々までもがサブプライムローンを組んで住宅を購入し、クレジットで車や家電製品を手に入れるのが当たり前となっていた。この消費力がアメリカのGDP（国内総生産）の約75％を支えてきたのである。ところが、ものを作るのではなく借金して欲しいものを手に入れるようなライフスタイルがいつまでも続くはずがない。これまでは日本や中国はじめ世界中のお金がアメリカに還流してきた。しかし、今や、この裏付けのないマネーゲームによって経済がガタガタになってしまった。

それはエジソンの時代も同じで、**それまでお金に振り回され、欲望の奴隷になっていた自分を反省できるかどうかで、苦境を乗り越えられるか否かが決まる**というのである。これは、とても大事な観点だ。

いわゆる経済の専門家たちが集まり決めることではなく、一人ひとりの消費者、国民、市民が、自分の問題として経済の仕組みやお金の流れを理解し、**「ものを作ることにより初めて価値が生まれる」ことを、もう一度、学ぶ必要がある**と、彼は述べている。

アメリカは、世界に対してきちんと模範を示すことで復活へのチャンスをつかむことができるという。こうした未来への前向きな姿勢が欠かせないのである。日本にも同様のことが当てはまる。まずは自らの生活習慣を見つめ直すこと。お金やモノにこだわりすぎていないか。アメリカであろうと日本であろうと、本当に必要なものは何かを、あらためて問う勇気を持つことだ。

第2章

天才ベンチャーだから分かる「ビジネスの黄金原則」

エジソンへの質問

現代社会は、アメリカ発の金融危機から始まり、不況の波が世界に及んできた混迷状態にありますが、こうした時こそ、ビジネスにおいては、人々のニーズを見抜く目、問題を解決する思考、企画力などが不可欠です。

そこで天才発明家であると同時に、産業さえ立ち上げ、「世界初のベンチャー起業家」と言われたあなたから見て、不況期にも強いビジネスや事業のあり方をアドバイスしてください。

■14歳のエジソン。すでにベンチャー少年として才能を発揮していた。

■開発した蓄音機に耳を傾けるエジソン。

■蓄音機のPRポスター。いずれにも、商標登録したエジソンのサインが入っている。

8 12歳でつかんだ、商売の大原則

他の人より ちょっと注意深く考えることで お金をつくることができる。

I had a chance to learn that money can be made out of a little careful thought.

日記によれば、エジソンは少年時代のビジネス体験の成功要因を分析しており、興味深い。まさに、天才ベンチャーとも言えるエジソンだけに、ビジネスの原点とも言える「お金儲けの極意」について、幼くしてつかんでいるのは注目に値しよう。

私は、グランド・トランク鉄道の新聞売りだった頃、**他の人よりちょっと注意深く考えることでお金をつくることができる**ということを学ぶチャンスを得た。貧しかった

ので、お金の大事さが身にしみていたからだ。
注意深く周りを観察し、人が何を欲しがっているのかを、みんなよりちょっと余分に考えることができれば、耳が聞こえない、目が見えないなどの身体的なハンディキャップは、全然、弱みにならない。

＊＊

鉄道員の中には無線技師もいて、キャンディ1〜2個をあげるだけでも友達になれた。その見習いの少年たちと親しくなり、お互いに協力する仲になれたことが大きな財産となった。なぜなら、彼らがあちこちにいて私のビジネスをサポートしてくれたからだ。

＊＊

最初は（新聞を）5セントで売っていたが、客が殺到してすぐ売り切れてしまった。だから次の駅に行く間に、「これだったらもっと値上げしてもいい」と思い、10セントにし、次に15セントにした。いちばん最後の駅では35セントに値上げしても売り切れてしまった。

〔1925年に記す〕

当時は、南北戦争中だったことから、14歳の少年ベンチャーだったエジソンは、各地の戦況を早く知りたがる**大衆のニーズに目をつけた。**

そこで彼は、鉄道員と仲よくして車内の無線電信を使わせてもらい、大都市に最初に入ってくるニュースを無線で受信。列車が移動する間に、車内で新聞に仕上げて印刷し、着いた先の駅で売るというビジネスを始めたのだ。

情報を持っているだけでは、ビジネスにはならない。情報を得られる自分の立場を、人々の「情報を早く知りたい」というニーズにつなげるにはどうすればいいか。エジソンは考えた末、情報を新聞という目に見える商品に変え、行く先々の駅で売るシステムを考案したわけだ。

さらにエジソンは、人々のニーズありと見るや、「もっと売れる」と踏んで、新聞の価格を上げていった。当初設定した5セントのまま、売り続ける方法もある。しかしエジソンは、「5セントでこれだけ売れるなら、10セントでも売れそうだ」と考えたところ、実際に売れた。そこで15、35セントとさらに値を上げても、売れ続けた。

エジソンは12歳の頃から鉄道の車内で新聞を売り始めたが、14歳にして南北戦争というチャンスをつかみ、ビジネスを一気に拡大した。要は、「**みんなが求めているものであれば、価格が高くても売れる**」と、早くも商売の基本を自分のものにしたのである。

のちに彼が創立した会社（現在のゼネラル・エレクトリック社の前身）でも、この原体験が生かされた。

たとえば、白熱電球を販売し始めた時が、そうだった。大衆がまだランプを使っていた時代に、世界初の商品として電球を広めなければならない。マーケットがまだない中、電球の価格を、いくらに設定すればいいのか。しかも、電球は寿命が限られており、何度も買ってもらわねばならないため、できるだけ安くしなければならない。

そこでエジソンは、電球一個につき消費者が支払える価格は25～30セントぐらいだろうと想定。そこから逆算して製造コストを抑える工夫を考えに考えた。

品物が売れるなら価格を上げてもよく、売れないなら下げねばならない。価格を下げるなら製造コストも下げねばならない。こうした商売の勘どころを、彼はなぜ少年時代に体得できたのか。

理由の一つは、幼くして耳がほとんど聞こえなくなったことで読書に目を向け、たくさんの情報を丹念に読み込み、考える力を養ったからに他ならない。

もう一つは、現場でお客の反応をつぶさに観察し、「これならいける」という商品やサービスの実現方法を考え抜いたことだった。まさに、**「お客の立場で考える」、サービスの要諦を早くもつかんでいた**のである。

9 売れる企画のゴールデンルール

操作は極力、
シンプルなものでなければいけない。
◆◆
人は自分が楽しいと思うものには
喜んでお金を払う。

Its operation must be made extremely simple.
◆◆
People are far more willing to pay for being amused than for anything else.

不況の時こそ、企画力や商品開発力が試されるが、エジソンは、それらをどのように考えていたのだろうか。

彼は、一部の好事家《こうずか》を満足させるために発明していたわけではない。多くの人々の日常生活をより快適に便利にできてこそ、発明品たる所以《ゆえん》だと未来の発明王は捉えていた。

エジソンは、その視点に立った時の極意を次のように語っている。

私は、「これまでの中でどれがいちばんすごい発明だったと思いますか？」とよく聞かれるが、いちばん気に入っているのは、蓄音機だと答えている。なぜなら、私は音楽が大好きだからである。この発明は、アメリカだけではなく世界中の家庭に、音楽を届けることができるようにした。

音楽というのは、人間の心を強く美しくするよう勇気づけてくれるものだ。コンサートに行くには、時間もお金もかかる。素晴らしい音楽を聴きたくても、なかなか聴けない人たちが、家庭に居ながらにして楽しめる。（蓄音機の発明で、）その手助けができたことに、大いに満足している。

多くの発明家が、さまざまな発明品を世の中に送り出しているが、中にはちょっと配慮が足りないがために、人がうまく使いこなせないものも多い。

発明を大衆に広げるためには、誰もが、分厚い説明書なしで、見ただけで使えるようなシンプルなものでないと駄目である。今までにない素晴らしいアイデアでも、使い勝手が悪ければ広がらない。栄養に富んだ値段の高い料理であっても、食べやすくないと多くの人に味わってもらえないのと同じこと。

操作は極力、シンプルなものでなければいけない。

私が発明した蓄音機も、こうした原則でできている。子供でも操作できることが、蓄音機が普及した理由の一つだろう。

もう一つの理由は、**人は自分が楽しいと思うものには喜んでお金を払う**ということだ。多くの人々が、これまでにない刺激、楽しいもの、素晴らしいものを常に探し求めている。

〔1921年に記す〕

便利でありながら、操作はシンプル。しかも使っていて楽しくなるようなもの——。エジソンがいかに徹底して、消費者の立場に立って発明していたかが偲《しの》ばれる。これがまさに、エジソンの発明が広がった理由である。

当時、たとえば電球の開発に取り組んでいた発明家は他にも複数いたが、電力会社まで興し、発電機から各家庭に設置する電源のソケットやスイッチまでトータルに商品化したのは、エジソンだけだった。まさに、**人々の生活を便利に変えるにはどうすればいいか、社会システム全体の構築まで熟慮し、実際に作り出している**からすごい。

現代の商品開発にも、そのまま通じるコンセプトを、エジソンは数々、先取りしてきたと言えよう。

10 幹部になれる条件とは

幹部にとって
まず第一に求められる資質が、
確固とした記憶力だ。

It seemed to me that the very first thing an executive must have is a fine memory.

発明家だが、発明工場の経営者でもあったエジソンにとって、従業員の採用は、ことさら気を使う問題だった。

ニュージャージー州のウエスト・オレンジにある発明工場では、最盛期には1万人以上が働いていた。一社あたりの平均的な従業員数が数十人だった当時のアメリカでは、かなりの規模だ。これほどの規模になると、将来の幹部候補も視野に入れて選ぶには、受験者のポテンシャルを見抜くことが大変で、時間もかかる。

そうした中、エジソンが従業員の適性を見極める目安としたのが、記憶力だった。

なぜ、記憶力なのか。彼に言わせれば、必要な時に、必要な情報、書類、発想のヒントを引き出してくる能力だからである。

経営者は、スパッと判断や決断を下し、指示を出さなければならない。ビジネスチャンスがありながら、判断が遅く動きも緩慢だとチャンスを失いかねないが、自分が必要とする資料やデータをすぐ手にできれば、ライバルとの勝負にも優位に立てる。当然のことながら、発明にかける時間を余分に捻出できる。そうしたことができる人が、エジソンの右腕として不可欠だったというわけだ。

何か決めなくてはいけない時に判断材料が要るのだが、そのためのデータや資料を、すぐ欲しい。

普通の人は、「あれ持ってこい。これ持ってこい」と言われると、「分かりました。明日の午後までに用意します」というような反応が多い。

しかし私は、今、決断を下さなくてはならない。今、必要なデータや資料が欲しいのだ。この**「今」という、かけがえのない瞬間に決断を下すために、必要な情報がすぐ取り出せる態勢にしておかないと駄目なのだ。**そのためには、記憶力というものが絶対に必要である。

私は、待たされることに我慢できない。

工場には、製造、広告、販売など、さまざまな部門があるが、どの部門に限らず、各部署がスピーディーに動かないと、仕事がつながらない。他の部署から上がってくる情報やデータを待つ間、時間を無駄にしてしまう。組織全体が、同じスピーディーなペースで動かなければ、組織体として実力が発揮できない。

＊＊

だから、**幹部にとってまず第一に求められる資質が、確固とした記憶力だ**と思う。

＊＊

私は、自分が使おうと思っている人が、どれくらい記憶力があり、どれくらい物忘れが激しいかを、試験によって見出したい。

これは別にネバダ州の州都がどこだとか、マホガニーの産地がどこだとか、ティンブクトゥーという町がどこにあるかという雑学的知識や、生産に関係のないようなことを、全部知っていなくてはならないということではない。

これまで生きてきた中で、歴史上の人物や、地理上で話題になった場所、当時の新聞で話題になったものなどを知っているかどうか。世界の歴史や、世の中の動きに関心を持っているかどうかということが大切なのである。もし、こういったことにまったく関心を持っていない人であれば、やはり新しいものを創造する際に、自分のアシスタントとして信頼できるかどうか、疑問を持たざるをえない。

〔1921年に記す〕

当時から、エジソンの採用試験方法に対して、暗記による知識だけを入社の合格基準とするのは問題だという批判はあった。互いに何の関連性もないような、雑多な数字や年号などのデータ類に関する記憶を問うだけで、本当にその人の資質が分かるのかどうかと。

しかしエジソンは、そうした雑多な情報や知識を、本人が、頭の中の引き出しにきちんと納めることができるかどうかを見極めようとしたにすぎない。情報を右から左に聞き流し、すぐ忘れるクセがある人の場合、エジソンの会社に入っても、同じことを繰り返す可能性があるからだ。

あらゆる事柄に対してアンテナを張り、フォーカスをして、自分の頭の中の引き出しに整理しながら蓄積する習慣ができている人と、そうでない人とでは、幹部候補者としては大きな違いがあるということである。

ちなみに、この採用試験問題を毎回新聞に発表し、話題作りも忘れなかったエジソンのアイデアには、恐れ入るばかりだ。多くのアメリカ人は知らず知らずのうちに、エジソンに関心と親しみを寄せるようになった。

⓫ 頭をデータベース化してこその、アイデア力

情報は選り分けた上で、
それをいつでも頭の引き出しから
引き出せるような形にしておかないと
駄目だ。

They stay down under the surface until you call for them—then if you have a good memory you find them popping right out.

エジソンが言う記憶力とは、自分の頭の中で考えて、必要な情報を選《え》り分け、整理された形でストックし、必要なときはすぐに取り出せるようにするということである。

現代のビジネス社会で話題になっているような記憶術の極意が、すでに述べられているのである。

無限に近い数の多くの事実が、次から次と、生まれている。それを全部、頭の中に納めることは不可能な話である。そこで、**情報は選り分けた上で、それをいつでも頭の引き出しから引き出せるような形にしておかなくてはならない。**

機能的に使える記憶力を持つ人は、自分でも意外なことに驚かされることがある。どこでその情報を仕入れたのか、どこでそれを学んだのか、自分でも覚えていないけれども、突然、目の前の課題を克服する上で必要なデータや情報が、パッと浮かんでくる。それは、本人の頭の中のデータベースに、それまでの蓄積がないと出てこないものである。

〔1921年に記す〕

私たちも、よく「インスピレーションがわいてきた」とか、「アイデアが降ってくる」と表現するが、それは、自分の中にため込んだものが、外からの刺激により触発され、言葉やイメージとなってひらめくわけである。

天啓のようなアイデアを、人に分かる形で表現するには、過去の事例、データや情報が、思考の材料として頭に蓄積されている必要があると、エジソンは述べているのだ。

さまざまな情報の素材に化学反応が起き、アイデアが新しい力を持つ。まさに、発想法の原点となる考え方であり、ＩＴが発達した現代でも同じことが言えるだろう。

雑多な情報をいくら集めても、その量を誇るだけでは意味がない。情報と情報の関連性に気づき、そこから新しい発想や発見が生まれることが大切なのである。そのためには、あえて関連性の薄いような情報同士をぶつけてみることも、意外な結果を引き出すことになるかもしれない。

自分の頭の中に限らず全身に蓄積された知識や経験という情報も、創造力を生むエネルギーの元になる。自らの体験という貴重な情報も、日記やメモという形でデータベース化しておかなければ、たちまち消えてしまう。

第3章

逆境をチャンスに変える発想の力

エジソンへの質問

人間はともすれば、言い訳に明け暮れがちです。ところがあなたは、12歳で難聴というハンデを背負ったにもかかわらず、運命を呪わず、人生を諦めず、偉業を成し遂げました。

現代の乱気流時代を生き抜くには、こうした勇気がぜひとも必要です。常にポジティブな発想で努力をし続けることができたのは、なぜでしょうか?

■研究所の敷地内で、マイナ夫人と試作車に乗るエジソン。

■日本びいきのエジソンの影響か、夫人は蛇の目傘をさしている。

■エジソンがフロリダ州に作った実験農場。日本の真珠王、御木本幸吉に触発され、天然ゴムに代わる材料を研究していた。

12 捉え方次第で、人生を幸福にシフトできる

耳が聞こえないことは、
人生の地獄を見るに十分な出来事であった。
しかし、私にとって、
それはハンディキャップではなく、
人生の支えであり続けた。

I have been deaf enough for many years to know the worst, and my deafness has been not a handicap but a help to me.

エジソンのこの言葉は、単なる〝気休め〟や〝負け惜しみ〟で語られているのではない。**人間は「考える力」によって、生活や仕事を、そして人生を劇的に変えることができる**という事実を、これほど力強く表している言葉もないだろう。

「20世紀を発明した男」と言われるエジソンの偉業は、あまりに有名だが、耳が聞こえないハンデをどのような考え方で乗り越えたのか。

難聴になった原因について、日記には詳細に書かれている。

先述したように、エジソンは10代にして、貨物列車の一部を借り、移動中に南北戦争の戦況速報を印刷して新聞にし、大儲けしていた。

そんなある日、列車に乗り遅れそうになったエジソンの両耳を、車掌がつかんで列車に引きずり上げた瞬間に、「バーン」と破裂したような感じがして、エジソンの耳に痛みが走り、少し耳が聞こえない状態になった。やがてそれは、劇場に入ってもほとんど音楽が聞こえない状態にまで進行したという。

しかし、エジソンは、こう言うのだ。


私は、耳が不自由になって以来、想像力が無限大に広がった。それと同時に、よけいな雑音を耳にしなくなった。

耳が聞こえないことは、人生の地獄を見るに十分な出来事であった。しかし、私にとって、それはハンディキャップではなく、人生の支えであり続けた。

痛みが去ったあと、難聴になった私は、読書に関心を持つようになった。

耳が聞こえなくなったり、目が見えなくなることで、苦悩の中に突き落とされるのは、おかしいことだ。目の見えない人は、目が見えているけれども何も感じ取っていない健常者たちと比べれば、幸福度ははるかに上だ。

私は、耳が聞こえない分、雑音をシャットアウトして、書物の世界を通じて自分の世界を広げることができた。

デトロイト公共図書館に通い、私はＡの棚からＺの棚まで、すべての書物を読んだ。

２～３冊の本ではなく、「図書館を読んだ」と言っても過言ではない。

それだけでは足りずに、ダブリンで発行されていた百科事典まで集め、すべてを読んだものである。

〔１９２５年に記す〕

人生の途上で「耳が聞こえなくなる」「目が見えなくなる」などのハンディキャップを抱えた場合、想像を絶するショックを受けるだろう。突然、闇の世界や音のない世界に放り込まれたら、悲劇の主人公になり、思考停止に陥ってしまうに違いない。

しかし、エジソンは、そのマイナスをプラスに転じさせた。というより彼は、かえって幸福度が飛躍的に高まったとまで言い切っているのだ。

10代の少年がどこまで感じ取っていたのかは別として、環境的な要因に呑み込まれない強靭《きょうじん》な精神、「考え方」が、ここまで人生を変える力となっていることは注目に値する。

⑬ 発明にも商売にも、難聴を役立てる

耳が聞こえないことで、
お金を儲けることができなくなる
ということは決してなかった。

My deafness never has prevented me from making money in a single instance.

エジソンは、同じく日記に、自分の発明や商売にも難聴が役立ったと記している。

今では電話の発明者としておなじみのグラハム・ベルだが、当時は、エジソンと電話の開発競争をしていた。ベルが作った電話は、通じることは通じるが、相手の言っている内容が十分に聞き取れず、あまり実用的ではなかった。

そこでエジソンが、電話機を改良したのである。

耳が聞こえないことは、たくさんの「とてもいいもの」をもたらしてくれた。私の場合、蓄音機を完成させる上で、難聴がプラスに作用したのだ。電話機を使える形にまで持っていくのに、非常に役に立った。

ベルが作った電話機を私も試してみたが、音がどうにも弱々しく、先方の人が言っていることが分からなかった。

私は、「これでは駄目だ」と思い、音が私の耳にもきちんと聞き取れるようになるまで、改良を続けた。

そして、改良した電話機の技術を、ウエスタン・ユニオン社に売ることができたのだ。

もし、私が難聴でなかったら、ここまで改善はなされなかっただろう。

いろいろなアイデアや発明があるが、本当に実用的な結果をもたらすところまで改良を積み重ねていかないと、世の中には、役に立つものとしては認められない。

＊＊

耳が聞こえないことで、お金を儲けることができなくなるということは決してなかった。

それは私にとって、いつも大事な宝だった。

〔1925年に記す〕

電話機のアイデアを思いついたのはベルだが、実用化したのはエジソンなのである。

エジソンは、難聴を逆手にとり、電話機としての完成度を高めるために、妥協を許さず改良を重ねた。ベルが発明した電話機ではニューヨークとニューアークという近距離でも、音は聞こえるものの、相手が何を話しているか、まったく不明瞭で、とても使える代物ではなかった。それに引き換え、エジソンの改良型電話では、ニューヨークとワシントンといった遠距離間の通話実験でも、極めてはっきりと聞こえたという。

「真に人々や社会に役立つものとは何かを求め続ける情熱の前に、悲観的な考えは思いもつかない」という、エジソンならではの考え方が如実に表れている。

⑭ プロポーズにさえ、難聴を生かす

言葉で話せば他の人に聞かれてしまう。モールス信号なら秘密を共有できる。

If we had spoken words, others would have heard them. We still use the telegraphic code at times.

また、エジソンにかかると、ハンデは恋愛や結婚の成功にさえ生かされる。

結婚に至るまで、付き合っている間も、耳の不自由さが手助けになった。なぜなら、デートしている間、耳が不自由であることを言い訳にして、彼女の声が聞こえるところまで接近することができたからだ。

こういう経験を積み重ねていくと、最終的には、別に耳が不自由でも全然困らない、聴力は不必要なのだと発見するに至った。

＊＊

彼女には、「私は耳が不自由だから、モールス信号を使って意思疎通をはかろう」と提案した。プロポーズにも、モールス信号を使った。

モールス信号で、「イエス」という言葉は、いちばん最初に覚えるほど簡単なトンツーという信号である。「ノー」と打つより「イエス」と打つほうが楽なので、「結婚してくれますか？」とモールス信号で尋ねれば、私が思ったような答えを彼女から引き出すことができた、というわけである。

直接、面と向かって、私のプロポーズに対する返答を彼女の言葉から得ようと思ったら、こんなにスムーズに「イエス」が引き出せたとは思えない。

車でキャンプツアーを行う際でも、車には、5～6人が乗っている。彼女と話をしたくても、他人に聞かれたくない内容もある。**言葉で話せば他の人に聞かれてしまう。モールス信号なら秘密を共有できる。**

〔1925年に記す〕

エジソンは、ハンディキャップは決して不幸をもたらすものでなく、ハンデに込められた意味を受け止め、幸福度を高めることさえできるのだと確信し、自ら実践したのだった。

一見すると不幸の種と思われるものでも、見方を変えることで幸福の種とできるのである。

要は、どのような環境の変化にもプラス思考で対応することで、環境そのものが変化するというわけだ。

Column.1

発想の限界をどうブレイクスルーするか

エジソンの時代の発明は、細々した部品や機械の組み合わせを変え、今までなかった新しい機械を生み出す手法が一般的だった。

しかし、そうした発想でいくと、遅かれ早かれ限界にぶち当たる。そんな時にエジソンは、どうやってブレイクスルーし、新しい活路を見出したのだろうか。

彼は、徹底的に文献を探り、新しいヒントを得ることが多かった。あるいは、自然界や世界の他の文化圏の優れた知恵やアイデアを借りるなどの方法を試した。

そんなエジソンにとって、最も目からウロコが落ちたのが、真珠の養殖で有名な日本人、御《み》木《き》本《もと》幸吉《こうきち》の発想だった。アコヤ貝を使い養殖真珠を作る仕組みは、**自然の力をうまく利用して、今までなかったものを生み出す発想**によるものだった。直接、御木本からその方法を教えてもらい、機械や装置の一式をプレゼントされたエジソンは、「ああ、こういう発明の仕方もあったのか」と、頭を殴られたような衝撃を受けたという。

自分は、機械と機械を組み合わせて新しいものを作ればいいと思っていたが、そうでなくて自然界に眠っている力をうまく味方につけ、より環境に優しく親しみやすい発明もできるのだということに思い至ったわけだ。

この意味でエジソンは、日本の研究者や学者、特に御木本のような実践的な事業家が自然界の動植物の働きに着目して、ビジネスに結びつけることを目の当たりにし、たいへん大きな感銘を受けたのだった。

ちょっと視点を変えるだけで、創造的なアイデアを生みだすことができる。これは、逆境時にこそ、参考にしたい発想のポイントである。

第4章

価値ある情報の見抜き方

エジソンへの質問

100年も前の時代に、発明という高い付加価値を含む仕事をするため、徹底して情報収集をしたあなたの先見性には、目を見張ります。

現代のような知識情報化社会では、情報の大切さが広く認識されている一方、情報過多に翻弄されがちです。情報の賢い扱い方について、極意を教えてください。

■エジソンの研究メモが約500万種類もまとめられた「エジソン・ペーパーズ」。アメリカの国家プロジェクトとして、管理・解読などの研究がなされている。

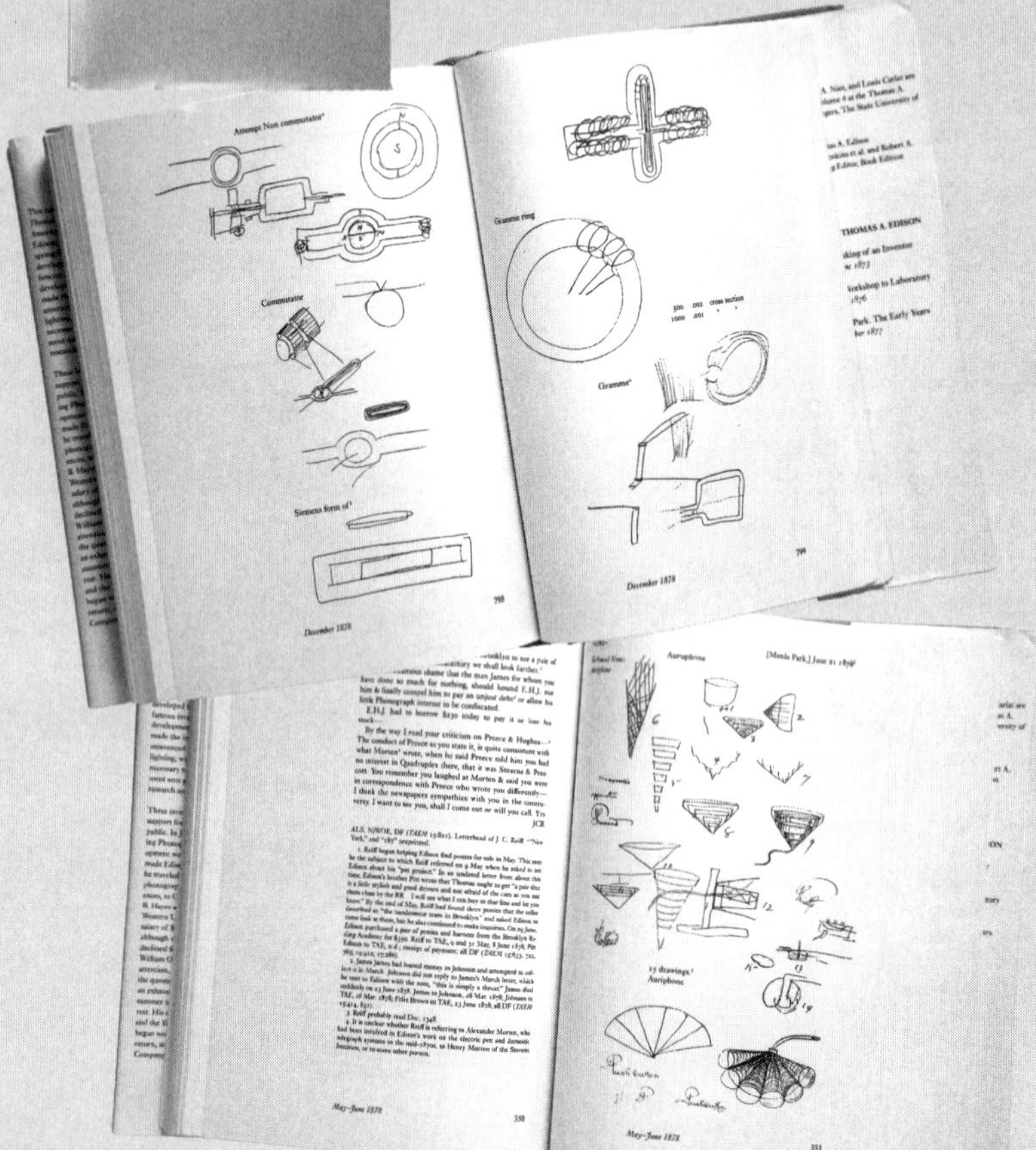

⑮ 新しい知識を毎日取り入れる

我々は、
新しい知識というもので生き、
成長する。

We live and grow by new knowledge.

新しい知識を得るためには、どうすればいいか。エジソンは、当時から情報の大切さに言及している。その収集先として彼は、書籍も大事だが、特に若い人は新聞を読むことを重視せよと説いている。エジソンは毎朝届く新聞を誰よりも早く読むことを日課にしていた。万が一、誰かが先に目を通したことが分かると、一日中、機嫌が悪かったという。

自分自身のことを告白すれば、私は朝刊紙を2紙と夕刊紙を3紙、そしてほとんどすべての主要雑誌に、フィクションの部分は除いて、目を通している。もちろん、その中でも科学雑誌に関しては熱心に目を通している。少し疲れた時には、探偵小説などで気分転換をする。

とにかく、若い人は毎日の新聞に目を通すということがとても大事だ。もしニューヨークでビジネスを考えているのであれば、通常の新聞以外に、「ニューヨーク・ジャーナル・オブ・コマース」といった専門紙も読む必要がある。

もし、あなたが電気技師、エンジニアであるならば、やはりそのエンジニアの部門の専門紙や雑誌を読むことが大事だ。

なぜなら、**我々は、新しい知識というもので生き、成長する**からだ。

〔1921年に記す〕

人が生き、成長するためには食べ物が必要であるように、脳にとっての栄養素や主食には、知識や情報などが欠かせない。

現代ほど情報価値が求められなかった時代に、その重要性をいち早く見抜いたエジソンの鋭さには脱帽する。より新しい情報をまんべんなく、そして専門的な情報も効果的に選択していく工夫は、現代の私たちにも十分、参考になる。

16 読むべき価値のある本とは

私の勧める本というのは、
物事を平易な言葉で
分かりやすく簡単に、
そして、誰もが知っている
たとえ話などを織り込むことで、
理解しやすいように書いてある本だ。

I generally recommend only those books that are written by men who actually try to describe things plainly, simply and by analogy with things everybody knows.

読書について、彼は非常に大事な点を述べている。
本を読むことは大事だが、やはり、世の中には読むべき価値のある本と、読んでも時間の無駄になる本とがある。では、どういう本を読めばよいのだろうか。

私の勧める本というのは、物事を平易な言葉で分かりやすく簡単に、そして、誰もが知っているたとえ話などを織り込むことで、理解しやすいように書いてある本だ。

＊＊

「世の中には、新聞や雑誌や本があまりにも多く出回りすぎている」と言う人がいる。しかし、私はそうは思わない――その中に組み込まれている情報が本当の情報であるかぎり。

〔1921年に記す〕

難しいことを難しく表現するのは誰にでもできる。多くの専門家は、難しいことをいっそう難しく、易しいことでも難しく表現する場合が多い。そんな中で、難しいことを易しく分かりやすく書くことのできる人が、扱っているテーマを本当によく分かっている人なのだと、エジソンは見抜いていた。

読んだ内容が分かりにくい時、読者は「自分の理解が足りないのではないか」と捉えがちだが、著者が本当に分かって書いていない場合もある。

それは現代社会でも言えることだ。難しいことをシンプルな言葉で表現できる著者に、力量が読み取れる。

分かりやすく説くには、本質をグッとつかむことだが、それができないと、大事な論点の周辺をぐるぐる回っているだけで、肝心なところに少しも行き着かない。そうした本は読みにくく、読み終わっても、「いったい何が書かれていたのか分からない」という、裏切られたような気持ちになることが多いものだ。

さらに、当時からすでに言われていた、「情報が多すぎる。本もたくさん出回りすぎている」という指摘に対しては、本、雑誌、新聞でも、やはりもとになる情報が多いに越したことはないと、エジソンは述べている。

選択眼を養うためにも、できるだけ多くの情報に接することが大事だという。

⑰ 情報は、使う前に吟味せよ

人は、見かけによって
判断できない。
情報の持ち主かどうかは
表面的には分かりにくいものだ。

Men cannot be judged rightly by looks. Possession or non-possession of great quantities of facts has slight, if any, influence upon appearance.

知識や情報を得る方法として、当時は図書館で、簡単に素早く無料で情報を入手できた。その中に有用なデータもたくさんあるだろうが、その情報が本当に正しいものかどうかを判断できないと、情報操作の餌食《えじき》になってしまいがちだと、エジソンは警告している。

的確な判断力により納得できた情報ならいいが、簡単に手に入るもの、与えられただけの情報を、そのまま信じてしまうのは、とても危険だということである。

現代では、特に若い世代は、「グーグルで検索すればいい」などと、ネット上の情報をキーワード検索すれば済むと考えがちだが、そうした情報は、必ずしも常に発言責任を負っているとは限らない。知識情報化社会に入ったからこそ、情報の接し方に気をつけるべきだと、はからずもエジソンが教えてくれている。

> **人は、見かけによって判断できない。情報の持ち主かどうかは表面的には分かりにくいものだ。**私自身、見かけ倒しによって騙され、煮え湯を飲まされたことがしばしばあった。きちんとした事実に即した情報かどうかは、見かけでは判断できない。
>
> 〔1922年に記す〕

要するに、「みんながよく使っている有名なサイトの情報だから大丈夫」とか、「これは大手の新聞社だから」「名の知れた出版社だから」「権威ある大学だから」などと、見かけだけで情報の正否を判断するのは、危険を伴うということだ。

メディアの扇動に踊らされないためにも、自分の頭で考え、冷静に情報を判断する知恵が大切になる。

18 すごい、タイムベース・マネジメント

本を、時間とお金を無駄にしないために利用する。

I use these books to prevent waste of time, and money.

たくさんの本を買い、読んだエジソンは、そうした本を何のために使ったのか。

私はこれらの**本を、時間とお金を無駄にしないために利用する。**すなわち、誰かがすでに行ったり試みたりした実験を繰り返すという無駄を省くために。気に入った音楽を何度も聴いて楽しむのなら結構だが、誰かがやった実験を繰り返すようなことはご免こうむりたい。

これも非常に大事な点だ。音楽などは、同じものを何度も聴いて楽しめる側面があるが、実験の場合は違う。他の人がすでにやっていること、もう気づいていることを自分が繰り返さなくても済み、時間を節約するために、本を読む。いかにも、発明家ならではの発想と言えよう。

当時の社会も、急速なスピードでラジオ、新聞・雑誌をはじめ、通信もどんどん発達し、情報がむやみやたらに増えているということを、彼は現状認識としてすでに持っていた。すごいスピードで増え、ナイアガラの滝のように降り注ぐ情報に、多くの人が呑み込まれ、本当に必要な知恵やものの見方を、自分で取捨選択できにくくなっているというわけである。

現代では、それがさらに激しくなり、ここ10年間だけで約４１０倍も情報量が増えているという説もある。新聞の情報量だけを取っても大変なもので、「ニューヨーク・タイムズ」や「ワシントン・ポスト」など、アメリカの新聞は、特に週末の土日版はとても分厚く、付録も入って１００ページ近くになる。最近では不況の影響で広告が減り、ページ数も少なくなってきたが、それでも一日の新聞だけでも、おそらくエジソンが生きていた１００

〔１９２１年に記す〕

年前に、一般の人が生まれてから死ぬまでの一生涯に接する情報量より、はるかに多くの量の情報が織り込まれている。

そのように現代は、100年前と比べて、莫大な量の情報が飛び交うようになった。そのため、読書もそうだが、新聞や映像、ネットをチェックするにも、人に会う時も、**「自分は何を必要としているのか。何をなしたいのか。そのためにどんな情報やデータ、知恵が必要なのか」をきちんと自分自身で見極め、情報のスクリーニングをかけなくてはならない。**さもないと、何の意味もなく、次から次へと押し寄せる情報に目を奪われるばかりで、結局、「自分で考える」という最も大事な作業を、ないがしろにしかねない。

現代では、受け身ではなく、よりいっそう、能動的に情報と向き合う自覚を持つ必要があることを、エジソンから知らされる。

第5章 「考える力」で付加価値を生む

エジソンへの質問

現代社会では、問題解決や企画立案の際などに、深く考えることにより無から有を生み、さらには付加価値を創出する力が求められています。

あなたは、常に常識にとらわれず、数々の発明品のみならず、大事業まで立ち上げ、その偉業は枚挙にいとまがありません。そんなあなたからすれば、なぜ徹底して自分の頭で考え抜くことが必要なのでしょうか。考える力は、どうすれば身につくのでしょうか。

■ニュージャージー州ウエスト・オレンジの発明工場にて。発明した電球を誇らし気に持っている。

■ウエスト・オレンジの発明工場にある「光の女神」前で。

■冬になると、温暖なフロリダ州のフォート・マイヤーズ・ビーチの研究所に移動し、実験を続けた。

⑲ 脳は、鍛えることができる

筋肉は、使うほど発達するように、脳も、適切に鍛えれば、どんどん強くなる。

The brain is exactly like any other part of the body: it can be strengthened by proper exercise, by proper use.

１００年前の時点で、エジソンのように「思考力」の大切さについて言及し、「脳を使え」「脳を鍛えろ」などと言った人は、かなり珍しかったであろう。それほど、エジソンは特異な存在だった。

「考えない」ことによる弊害をどのように打破すればよいのか。エジソンは、脳も鍛えれば鍛えるだけ強くなると主張している。

私には、考える訓練によっていかに多くのことが達成されるかが分かっている人が、千人中一人もいないように見える。

結局それは、幼い頃から自分で考えるという訓練を受けていないからだ。

誰もが、自分で考える力を天から与えられているのに、それを使っていない。本当に信頼できる「ものの考え方」というものを、育んでいないのだ。

自分で考えることを習慣づけていない脳は、すぐに錆《さ》びつく。普段から頭を働かせていないと、反応が遅くなる。目の前にものすごいアイデアやチャンスがあるのに、目は開いているが見えず、耳はあるが聞けていない。脳に刺激が行かないからだ。

脳は、体の他の部分とまったく同じだ。**筋肉は、使うほど発達するように、脳も、適切に鍛えれば、どんどん強くなる。**

腕を三角巾で固定し、同じ恰好で曲げたままにしておくと、三角巾を取ったあとでもしびれが残り、感覚が麻痺しているため、腕が動かなくなってしまう。

脳も同じだ。使わずにいると萎縮してしまい、何も生み出せなくなってしまう。

〔1926年に記す〕

日本でも今、「脳の鍛え方」や「地頭力《じあたまりょく》」などをテーマにしたビジネス書が人気となっている。理由の一つは、著者の発想法や思考法を追体験することで、自分の脳に刺激を与えてもらおうとするからであろう。

しかし、実はここにも、エジソンの指摘と同じ問題が隠れている。

ビジネス書の著者と読み手は、置かれている環境も能力も違う。著者にとって効果がある方法でも、読み手に効果があるとは限らない。同じことができると思うところに、自分なりの思考がストップしている危険性がありはしないだろうか。

私たちは、エジソンが述べているように、自分の問題は自分で考えるべく、自分が本来持っている能力や潜在的な力に気づくべきではないだろうか。

もちろん、個人に限らず日本の国家においても自信を取り戻すことが必要である。**不況とか経済危機などと言われるが、日本には優れた技術や文化など目に見えない経験知が蓄積されている。**現代の日本人は、それらを土台に新しいものを創り出すことに対して、臆病になっている。自ら動かず、ビジネス書を読んだだけで、発想力が身につき、仕事ができるようになったと錯覚しているのではないか。これでは、実際は先に進めない。

必要なのは、自分なりの思考力や、想像力を鍛えることである。それができれば、新しいものを生み出す突破力や飛躍力も身につく。

20

考えないための言い訳をするな

人は、
自分で考えるという労力を避けるために、
ありとあらゆる理由を考えつく。

There is no expedient to which a man will not resort to avoid the real labor of thinking.

「多くの人は、自分の頭で考えない」——。

エジソンは、何度も繰り返し、こう指摘している。仕事を選ぶ時も、仕事を始めてからも、多くの人は、ずっとそうだと嘆いている。

みな、それぞれの長所や短所があり、「このことは人よりうまくできる」という部分を持っているが、多くの人は、必ずしも自分に最も適した職業に就いていない。

なぜなら、結局、「自分がいったい何にいちばん向いているのか」を、本当に真剣に考えていないからである。職業選択の段階において、自分自身と真正面からぶつかって考えていないわけだ。

多くの人が、自分に向いているかいないかを考慮せずに、極めて安易に仕事を選んでいる。そして、うまくいかないと人のせいにしたり、周りのせいにする。原因は、自分自身のいいかげんな決断なのに、それをまったく無視している。

＊＊

私は発明工場の要所要所に、標語を貼り出している。「**人は、自分で考えるという労力を避けるために、ありとあらゆる理由を考えつく。**そういうことは、避けなければいけない」と――。

これは真実だ。真実であることを痛感しない日は、ほとんどない。

〔1921年に記す〕

冒頭の箴言《しんげん》は、日記では「標語」とされているが、イギリスの肖像画家で教育者としても知られるジョシュア・レイノルズの格言である。エジソンは研究所のすべての部屋にこれを貼り出し、従業員の訓戒としていた。現在でも、国立エジソン歴史博物館に保存されている彼のライブラリーの目立つ場所に貼ってある。

エジソンいわく、人間は、常に言い訳を考えている。自分で主体的に取り組むことを回避するために、いろいろと理由をつけて、自分からは積極的に取り組もうとしない。そんなことでは駄目だと――。

また、エジソンが職場で多くの従業員や同僚たちを見ていると、課題や問題にぶつかる際、1〜2回は、それなりに方法を見つけて打開しようとするが、たいてい数回で諦めてしまう。ほとんど毎日例外なく、「エジソンさんから言われて、これをやろうと思ったんですが、こういう理由でできません」などと、誰彼となく言ってくる。

みな、失敗や新しいことをしないための理由を考えては、エジソンのところにやってくるわけだ。エジソンは、人間というのは本当に言い訳の種族であり、言い訳に関しては無限の知恵が出てくると嘆いているのだ。

彼は、**ブレイクスルーするためには、問題が解決できるまで徹底的に考え抜き、試し抜かなくてはならないのだ**と、自分の力で考え抜くことの大切さについて、繰り返し指摘している。

白熱電球のフィラメントに使う素材を2万種類以上試した際も、「あれもこれも駄目だったので、もう諦めましょう」と言う部下たちに対して、エジソンはこう言葉を残している。

「そうではない。一つの素材が駄目だったということは、その素材に可能性がないことが分かったのであって、別の可能性に行き当たるチャンスが増えたということだ。それは進歩なんだ」

失敗は、最終的なゴールに一歩近づくことだと受け止めていたのである。

実験に際してエジソンは、学歴や系統的な学問が不足しているために試行錯誤が多すぎたと批判もされていたが、「考え抜く、試し抜く」精神が、エジソンの成功を形作る大きな原動力となったのである。知識も、実行力がなければ社会の役には立たないというわけだ。

㉑ 思考力アップに欠かせない観察力

情報が目には入っているが、その情報が脳にインプットされていない。

The eye sees a great many things, but the average brain records very few of them.

では、考える力が不足している原因は何か。このことについてもエジソンは説明している。

多くの人々は、本当の意味での観察力になんと乏しいことか。
例を挙げさせてほしい。私のメンローパーク実験場で、最初の白熱電球を発明した時のことだ。それは従業員みなにとって本当に忙しい時間だった。75人のスタッフで、昼夜を問わず、一日20時間働いていた。睡眠時間はたった4時間。

そんな中で私はみんなに食事を与え、みんなの疲れを癒すために、食事の時にはオルガンを演奏させていた。

ある日の真夜中の〝ランチタイム〟（20時間も働いているわけだから、夜中の12時ぐらいにランチを食べるわけだ）の時に、私は、実験に必要だということで、実験棟のすぐそばにある桜の木のことを話題にした。

ところが、誰も、その桜の木のことを知っている者はいなかった。みんなの寄宿舎は、実験棟のすぐそばにある。毎日、27人が二つの建物を往復している。もう6カ月も往復しているのに、この途中にある桜の木に気づいていないのだ。

情報が目には入っているが、その情報が脳にインプットされていない。

〔1926年に記す〕

人間はどうしても、目の前の課題や関心事に意識が引っ張られてしまう。しかし、目の前の問題を解決するためにも、遠回りかもしれないが、周囲の情勢や情報を組み込んでおく観察力や大局観がないと、最も効果的な解決法は得られない。全体的視点から目の前の課題を見つめることができないことに、問題の本質が隠されていることが多い。

㉒ 成功は、考え続ける努力から生まれる

あらゆる進歩、
あらゆる成功は、
自分の頭で考えるところから
湧き出てくる。

*All progress, all success,
springs from thinking.*

エジソンは、自分で考えるだけでなく、考え続けることができて初めて成功が生まれると述べている。

考える習慣を身につけていない人は、人生のいちばん大きな楽しみを見過ごしている。最高に偉大な楽しみを失っているだけではなく、自分自身を本当に脱皮させるこ

とができないのだ。それでは、自分の中に隠されている潜在的可能性をも引き出せなくなってしまう。

あらゆる進歩、あらゆる成功は、自分の頭で考えるところから湧き出てくる。

もちろん、集中した思考のほとんどが、新しい問題を解決できるわけではない。私でも、何か一つのことを完成させようと思ったら、通常5年から7年の時間がかかる。ものによっては、25年間ずっと考え、実験を繰り返し、まだ完成していないものもある。

私の場合、平均するとだいたい7年ぐらいで一つのものを完成させている。白熱電球の場合、いちばん時間がかかって大変だった。炭化フィラメントを使って電球を作る作業は、集中して考えなくてはいけなかった。同時に、素材を求めて世界中に人を送り出して、京都の竹を含め、いろんなものを集めてきた。

蓄電池の場合には、8年かかった。蓄音機には、もっと時間がかかっている。

〔1926年に記す〕

このように、エジソンにしても、考えに考え、試行錯誤を重ね、実験を繰り返すことに膨大な時間をかけているのだ。

成功するまで、考え続ける——。

エジソンは、成功の秘訣として、「野心、想像力、昼夜を問わず働く意志」があれば誰でも成功できると常々答えていたものだが、そこに思索や実験を「持続させる意志」が加わっていることは、言うまでもない。

第6章
もっと幸福になる生き方

エジソンへの質問

現代では、価値観が相対化して生き方の選択肢が増した半面、多くの人が、確かな人生の目的を見出せず、悩みを深めがちです。そうした中で、幸せをどのように見出せばいいのでしょうか?

また、幸せと人生の成功は両立するのでしょうか?

■フロリダにある「エジソン冬の屋敷」と呼ばれていた別荘で。家族や従業員たちと記念写真。

■ニュージャージーの本宅。この裏にエジソンの墓がある。

23 やりすぎて不幸になる!?

人は、駄目だ、健康に悪いと言われても、
好きなことをやりすぎる。
その逆に、あり余る大事なアドバイスを
無駄にしている。

People do what they like to do and overdo it 100 per cent. The world is badly overstocked with unused advice.

「人は、自分がしたいことをするよう動機づけられている」と、エジソンは述べている。いろいろとためになるアドバイスを受けても、結局、人の言うことは聞かないと――。

人は、好きなことをやりすぎる傾向がある。１００パーセント、やりすぎてしまう。食べすぎる。寝すぎる。なぜかというと、食べたり寝ることが好きだからだ。

しかし、そんなにたくさん食べたり、長く寝れば、それこそ不健康で、効率性が失われ、必要なことができなくなる。10時間も寝ているような人は、睡眠が不完全で、きちんと熟睡していないのだ。ということは、きちんと目覚めていない。一日8時間、起きているつもりでも、十分に五感が働いて細胞が覚醒していない。一日24時間、絶え間なく、ぼんやりしている。

ほとんどの人は、おなかが空いている状態でなくなるまで、食べなくてはいけないと考えているようだ。しかも、そういう人たちは、食べたものを消化することにより、エネルギーが出てくるのだと思っている。

しかし、決してそんなことはない。私は、普通の人の半分ぐらいの量で十分に生産的な生き方をしている。

睡眠時間なんて、4〜5時間もあれば十分だ。寝ている間、夢を見たことがない。それほど私は熟睡する。

ちょっと寝すぎてしまうと、かえって、しんどい感じになってしまう。

よく人は「睡眠不足だ」と言うが、そうではなく、逆に寝すぎることで貴重な時間を無駄にしている。バイタリティーもなくし、チャンスすらも失っているのだ。

イギリスの著名なメディカル・ジャーナルを読んでも、睡眠不足で具合が悪くなった症例は一件も報告されていない。病的な不眠症はあるが、それは特別な例で、人々は一日10時間眠ることができないと、自分は不眠症だと思い込む。

だからといって、私がアドバイスしているという意味に取らないでほしい。アドバイスしても、人はそんなものを聞く耳を持っていない。

要するに**人は、駄目だ、健康に悪いと言われても、好きなことをやりすぎる。その逆に、あり余る大事なアドバイスを無駄にしている。**

この世界には、本当に貴重だが、実際には誰からも受け入れられないアドバイスが満ちあふれている。

〔1921年に記す〕

一方、本を読んでも人の話を聞いても、「こうすれば、より健康になり、より賢くなる」といったアドバイスは、掃いて捨てるほどある。

欲望には歯止めがかかりにくいだけに、人から言われて何かをするのではなく、健康維持の必要を自分なりに納得し、欲望をコントロールする手立てを考えていくことが、結局は手堅い道だと言えよう。

24 欲望か貢献かを見極める目安

もし私が大それた野心を持っておらず、
いろいろなことを試すのに
お金や時間を使っていなかったら、
もっとハッピーだったろうが、
そんなことをしていたら、
世の中の役に立てなかった。

If I had not had so much ambition and had not tried to do so many things, I probably would have been happier, but less useful.

お金や贅沢品《ぜいたくひん》は、ある程度、区切りをつけないと、持つほどに際限なく欲しくなる——。
大富豪になりながらも、ほとんどのお金を次の発明の原資としてつぎ込んだエジソンは、富の魅力と物欲の怖さを熟知していた。

人間は、いくらお金があって贅沢ができても、それだけでは幸せにはなれない。つまり、すごく幸せになるということは、なかなか難しいものである。なぜなら、愛情でもお金でも仕事でも、何でもそうだが、自分で、「これを得てよかったな」と思うと、ついついもっと欲しくなるように、欲望には際限がないからだ。人間の欲望とは、そんな具合にできている。

長年にわたり、私は何に最も頭を悩ませてきたのかというと、従業員たちに月々の給料をきちんと払えるかどうかだった。

また、自分にとって最大のトラブルとは、やりたいことがありすぎることだった。あれもやりたい、これもやりたい。そのためには、どうしてもお金が要る。

もし私が大それた野心を持っておらず、いろいろなことを試すのにお金や時間を使っていなかったら、もっとハッピーだったろうが、そんなことをしていたら、世の中の役に立てなかった。

〔１９３０年に記す〕

エジソンといえば、「孤高の発明家」というイメージが強いが、実際の彼は「発明をビジネス化する」意味でのベンチャーの先駆けでもあった。先述したように、最盛期、発明工場では、流れ作業や組み立てラインにも必要と、1万人を超える従業員を雇っていたので、エジソンは、彼らの給料分をきちんと稼げるかどうかが、いつも心配だった。

一方、発明のアイデアを具体的な形にするには、人を雇い実験器具も揃えなくてはならず、お金がかかる。こうしたことから、彼は「やりすぎはリスクがある」と言いつつ、世の中に役立つ発明の商品化のため、どうすれば人やお金を集められるか、常に悩んできた。

最終的には、野心もあり、新しいことに挑戦し続けた結果、1100近くの発明特許を取り「20世紀を電気の力で創造した男」と言われ、世界中の人々からいまだに「発明王」と呼ばれるような偉業を成し遂げたわけである。

だから、「やりすぎに注意せよ」と言いつつも、やりすぎを突破力にして困難を乗り越えるぐらいの力がなければ、世の中に役立つような本当の意味での有用な人物や会社には発展できないとも述べているのだ。**「足るを知る」ことと、「エネルギーを集中特化する」ことの両方が大事で、そのバランスをとることが最も知恵を生む**と、彼は看破している。

しかし、普通は自分で「ここまでが許容範囲で、ここから先がやりすぎ」と見極めることはなかなかできないものだ。よって、自分のやっていることや考えていることが、社会の進歩に役立ち（usefulness という言葉を彼はよく使う）、**世界や多くの人を幸福にできるかどうかが、見極めの目安**となるという。

㉕「間違った幸せの常識」にとらわれるな

お金だけで、人は幸せにはならない。

Money doesn't make a man happy.

エジソンは、唯物的な欲にまみれた見せかけの豊かさの中に幸福はないことを、率直に記述している。


われわれの社会には、間違った見方や考え方があふれ返り、見せかけだけになっている。

もう、社会の上層部も底辺も、どちらもおかしくなっている。

真ん中の一般庶民は、ある程度、そうした社会に耐えうるような発想を持っているケースもあるのだが、彼らにとって本当の意味での幸福を手に入れるのは、簡単なことではない。「郊外に、小さなバンガローなどを設けて家族と仲よく暮らす」というささやかな幸せを実現できれば、まだ恵まれたほうである。

本当に金持ちと言われる人たちは、いったい何を求め、手に入れているのか。彼らは、なかなか周りの人を信じることができず、常に疑いの目を光らせている。

彼らにとって何が大事かというと、お金を投資し、さらなる富を生むことだ。お金をどんどん回し、少なくとも立派な家に住み、車にも乗れ、おなかが空けば、一日3回食事も摂れる。

しかし、大きな家に住み、車に乗り、三食食べられるだけで、その金持ちが本当に心底、納得できるような人生を受け止めているかというと、大いに疑問がある。

お金だけで、人は幸せにはならない。金持ちというのは、案外、周りから疎《うと》まれたり、本当のよい人間関係からほど遠い性格の人が多いのだ。

〔1914年に記す〕

社会には、本当に落とし穴がたくさんある。特にメディアが発達した今日では、あらゆることに関して、とにかく面白おかしい見出しが飛び交い、多くの人の欲望をそそり表面的な関心だけを引き寄せようとしており、人々はそれに翻弄されがちだ。

一見、**豊かな生活に見えるからといって、素晴らしい人生を謳歌しているかといえば疑問であり、幸せとは限らない。**投機的な生活が豊かかといえば、それも疑問だ。

エジソンにかかれば、拝金主義への警告は、「お金だけで、人は幸せにはならない」という、たった一行だが、本質を突く言葉で語られてしまう。

㉖ 地道な積み重ねの勝利

小さなことでも積み重ねていくことが、結果的には幸福な人生を送ることになる。

The only ones who are continuously happy are the ones who, having little ambition, do small things of little importance.

人間にとって、幸・不幸の分かれ道は、どこにあるのか――。

人間にとって、むちゃくちゃ幸福になるのは、なかなかありえない話だ。生涯を通じて幸福に満ちた人生を送るには、あまり大きな野心を抱かないほうがよい。**小さなことでも積み重ねていくことが、結果的には幸福な人生を送ることになると知ることだ。**

その人の仕事や趣味にとって最も大切なことが、たとえば蝶の収集だとすると、こういう人はおそらく、生涯を通じて幸福な人生を送りやすい。

というのは、人生を振り返ってみて、私がいちばん幸福だったと感じるのは12歳の頃だったからだ。なぜなら、12歳の頃というのは、世の中で楽しいことは何なのかが、きちんと分かるぐらいに成長しており、かといって抱えている問題の本質を理解するには至っていない、狭間にあるからだ。

〔1930年に記す〕

このように、エジソンは、世の中を変えてやろうといった野心を抱くなど、最初から大言壮語で自分を縛りつけることはよくないと言う。

晩年の彼は、12歳の頃が、いろいろなことが身の回りで起きても、よいところだけを楽しめた時代だったと懐かしんでいる。野心に翻弄されず、人生の醍醐味を穏やかに語れる心境になっていたと言えよう。

27 悩むくらいなら、他のことに集中せよ

ウイスキーなどで紛らわすのではなく、
何かを生み出す仕事をしたほうが、
悩みの解消になる。

As a cure for worrying, work is better than whisky. Much better.

エジソンは、成功の秘訣として、「くよくよ悩まない」ことをモットーにしていた。悩みが入り込む余地がないよう努め、心身を統御するわけだが、具体的な工夫の一つとして、「人一倍働く」ことを勧めている。

82歳の今、人生を振り返れば、とても幸せな一生を送ることができたと思う。
多くの人と比べて、自分は幸せな人生を歩むチャンスに恵まれていたが、同時に、

不幸な経験を免れなかったのも事実である。

悩んだり、「どうしていいか分からない」時に、いちばんよいことは何かというと、人一倍働くなどして、自分の気持ちを何か集中できるものに傾けることなのだ。

ウイスキーなどで紛らわすのではなく、何かを生み出す仕事をしたほうが、悩みの解消になる。

〔１９３０年に記す〕

エジソンの場合も、耳が不自由になった、ビジネスで失敗した、最初の妻が若くして亡くなった、自慢の発明工場を火事で失ったなど、数多くの不幸を経験している。

しかし、人間は二つのことを同時に考えられない。だからこそ、不幸に陥った時は、自分を困らせている悩みの種を忘れるほどに、今、与えられている仕事に全力で取り組むことを勧めるのである。エジソンはそうやって成功を手に入れることができた。

28 批判をどう受け止めるか

人からの批判を、
なぜ私が歓迎するのかというと、
自分が間違っていたかもしれないことを知り、
自分の過ちを正す機会を
与えてもらえることになるからだ。

*I always welcome criticism.
It helps me think and often
shows me where
I have been wrong.*

第2章でも触れたが、エジソンの会社の入社試験は、一見、クイズ番組かと思われるような内容で、当時としては、とても珍しかった。エジソン自身は、この試験方法を「イグノラモメーター」と命名し気に入っていたわけだが、話題を呼んだ分、批判も起きた。

我が社の入社試験でいろいろな問題を出すと、「そんな雑多な問題を出して、できる人かどうかを本当に判断できるんですか？」と、批判的に受け取られることもよくあった。

しかし、そういう批判は、私はいつも大歓迎である。**人からの批判を、なぜ私が歓迎するのかというと、自分が間違っていたかもしれないことを知り、自分の過ちを正す機会を与えてもらえることになるからだ。**

同時に、人の批判に対して、きちんと答えることができれば、逆に、自分のやってきたこと、考えてきたことが正しかったと確認できる。

〔1921年に記す〕

人からの批判をシャットアウトしてしまうと、よいことも悪いことも身につかない。自身を振り返るためにも、批判を受けることはとても大事な学びになるというわけだ。

企業の場合も然《しか》りである。**商品やサービスへのクレームをどう捉えるか？**　批判を教訓に変えるマインドを持てるか否かで、業績も大きく変わってくる。

29 幸福への、二つの治療法

若い時に、
道徳心や正当な人格などを
教えることが欠かせない。
そうすれば、間違った考えや
誤った行動に至らなくなる。

It is necessary to take them young and to teach morality and character, to fix ideas in those plastic minds so that it will be impossible for them to think wrong or do wrong.

幸福な人生を歩み出すためには、何が必要か。生き方の指針とも言えるものは、幼い頃から教える必要があるという。

ものへの執着は、人を不幸にする。それを解決するには、二つの治療法がある。

一つは、脳をフル稼働させること。人は徹底的に考え抜くことをしない。せっかく素晴らしい脳を与えられているのに、それを十分使っていない。

もし本当にみんなが真剣に知恵を働かせれば、たいがいの問題は解決できるはずだ。

＊＊

もう一つの治療法は、教育である。

幼児教育というか、**子供時代に、何が正しくて何が間違っているかを、きちんと植え付けることが大事だ。**

大人になってしまうと、教育も手遅れである。

＊＊

４歳の子供に「お月さまはグリーンチーズでできているんだよ」と教えてみなさい。そう信じ込ませてしまうと、そのあと、たとえ科学的に、月はそういうものではないと説明しても、心の奥底に、「ひょっとすると、そういう説明を先生や大人がしているけれども、本当はグリーンチーズでできているのではないか」という思いが、なかなか抜けない。

子供時代に植え付けられた、宗教的な教えや信仰は大人になっても残り、その後どんなことがあっても消えないものである。

だから、**若い時に、道徳心や正当な人格などを教えることが欠かせない。そうすれば、**

間違った考えや誤った行動に至らなくなる。

人に騙されず、自分も人を騙すような詐欺師にならないためには、やはり何が正しく何が誤っているかを、早くから教え込むことが大切だ。

〔1914年に記す〕

人が不幸にならないための処方箋の一つとして、考え抜くことの大切さを述べている。大人になると可塑性《かそせい》がなくなるだけでなく、多くの人の脳細胞のスイッチがオンになっていないと、エジソンは嘆く。

また、これはエジソンの偏見かもしれないのだが、客観的に脳細胞を働かせるということになると、女性には少しハンデがあると、彼は分析している。おそらく、最初の妻が発明に対して理解してくれなかったことが影響しているようだ。しかし、2番目の妻は経営者としての才覚があり、エジソンの事業を拡大する上で欠かせない役割を果たした。

特に面白いのは、4歳の子供のたとえ話だ。「三つ子の魂百まで」を彷彿《ほうふつ》とさせ、幼児期に正邪の基準を得ることが、いかに大事かを訴えている。

そのまま、現代社会に対して語っているような内容である。

第7章

クリエイティブなOFF時間が仕事力を倍増させる

エジソンへの質問

現代人は、毎日、膨大な情報処理やスピードを要求される仕事に追われるため、心が休まる暇がなく、ストレスがたまる一方で自分を見失いがちです。

そうした中、仕事で創造性を発揮し続けるには、OFFの時間をどのように過ごせばいいでしょうか?

■左から、エジソン、バローズ、フォード。

■フロリダの研究所近くの海岸にて。アイデアに行き詰まると、エジソンは釣り糸を垂らし、沈黙の時間をつくった。

■キャンプ・ツアーでのエジソン夫妻（手前）とフォード夫妻。自動車のPRにとどまらず、アイデアや刺激を得るための創造の旅でもあった。

30 日常の雑音を遮断する

雑音が耳に入らないことによって、
私はチャンスをもらった。
すなわち、自分が今、
抱えている問題、課題というものを、
徹底的に、じっくり
考えることができたのだ。
それにより、集中力を養うことができた。

I have no doubt that my nerves are stronger and better today than they would have been if I had heard all the foolish conversation and other meaningless sounds that normal people hear.

当時のアメリカでは、すでに、さまざまな娯楽が発達していた。次から次へと登場するそれらに目移りしては、人々は、次第に刺激的な生活や喧騒が進歩的な文明生活だと勘違いするようになっていた。

しかし、エジソンは、本当に大事なことは、そうした喧騒の中にはないと考えている。平穏で静かな環境の中で、自分の問題ときちんと向き合うことが大事なのだという。その部分を日記から引用してみよう。

私がまだ若い電信技師だった頃、泊まっていたホテルや働いている先の寄宿舎などで、みなで食事をする時、噂話やたわいもない話で大いに盛り上がっていたが、そんな時にも、耳が悪くて、ディナー・テーブルの雑音は聞こえなかった。

私は雑音から自由になった。**雑音が耳に入らないことによって、私はチャンスをもらった。すなわち、自分が今、抱えている問題、課題というものを、徹底的に、じっくり考えることができたのだ。それにより、集中力を養うことができた。**

＊＊

耳が聞こえる人、機能的に問題のない人たちは、文明の雄叫び、すなわち、どんどん新しいものが世の中に登場してくることに慣れ、とにかく常に何か新しい刺激がないと、文明から取り残されているような気持ちにとらわれてしまう。

もしブロードウェーのにぎやかな喧騒が突然、消えてしまったら、ブロードウェーの観客たちは、失神し、意識を失うことだろう。

人間は誰しも、自分が聞きたいと思っていることを、聞きたいと思っている時にしか聞かない。

〔１９２１年に記す〕

＊＊

何事かで成果を得たいと思うなら、なおのこと、喧騒に惑わされず、自分にとって大切な課題を集中して考え抜くことが最も必要だと、エジソンは指摘する。

我々は、**すぐに答えを見出せないと、非常に不安になったり、焦って数多くの雑情報の中を無目的に泳ぎ回るなどして、さらに悪い状況に陥りがち**だ。対応の仕方を誤ると、望んでいるゴールから外れてしまう。

耳が聞こえず沈黙の時間を余儀なくされたエジソンは、その逆境を転じさせ、知恵を生む黄金の時間に変えていったのだ。

31 環境を変え、非日常的体験を求めよ

変化なくして前進も進歩もない。

◆◆

知らない場所を訪ねたり、
未経験の仕事にチャレンジしたり、
新鮮な感動を追い求めること。
この要求を満たすことが成功につながる。

Without change progress is impossible.

◆◆

New scenes, new occupations, new emotions, new successes.

人は現状に満足すると、新たな挑戦を嫌うようになる。現状維持は進歩の敵と心得るべきであろう。自らを創造的破壊に追いやるくらいの発想がなければ、人生の勝者にはなれない。エジソンは常に変化を求めた。世界初となる自動車を使ったキャンプ・ツアーもその一環であった。

我々の肉体に宿っている生命体は常に変化を求めている。なぜなら、**変化なくして前進も進歩もない**からだ。そのことは無意識のうちに肉体も感じ取っている。**知らない場所を訪ねたり、未経験の仕事にチャレンジしたり、新鮮な感動を追い求めること**は、肉体と精神がともに欲していることである。**この要求を満たすことが成功につながる。**変化こそ生きている証に他ならない。

〔１９２７年に記す〕

エジソンが日記の中で盛んに述べているのは、「非日常的なチェンジ」「環境のチェンジ」の大切さである。それには、「移動すること」「視点を変えること」が必要となる。

当時、人が移動する手段としては、鉄道、船、馬車、徒歩しかなかった。その意味で彼は、自動車の登場に、非常に敬意を表していた。

しかも、大量生産によって広く普及させたのは、かつての自分の部下、ヘンリー・フォードだ。彼は以前、エジソンの研究所で電気を研究していた研究員だった。

フォードから自動車の設計図を見せられたエジソンは、「これはイケるから、会社を辞め、自動車作りに専念しなさい」と勧めた。フォードは非常に勇気づけられ、独立した結果、T型フォードを生産するに至ったのである。

フォードが車を開発したおかげで、エジソンは自由に全米各地を旅することができるようになった。そこでエジソンは、世界初の自動車によるキャンプ・ツアーを企画し、ヘンリー・フォードや自然主義者のジョン・バローズ、ハービー・ファイヤーストーンなど親しい友人たちと一緒に、未知の世界である山野を駆け巡った。フォードの車と、車に使われているファイヤーストーンのタイヤ、エジソン自身の電球などの発明品の宣伝を兼ね、行く先々で新商品のデモンストレーションをしたのである。

もちろん、エジソンはこのツアーに、宣伝だけではなく、個人的な気分転換、発明のための刺激を得る目的を持たせていた。彼は、一つのことをするのに、さまざまな要素を組み合わせ、多くの成果を得られるように考えていた。「どのように非日常的な体験を積み重ねることによって、新しい出会いやアイデア、インスピレーションをキャッチするか」ということだ。

多くの刺激やアイデアが得られるよう自分の脳を常に働かせておき、同じような意識を持った人との交流を通し、考えることや議論を楽しむことが、どれほど重要かを実感していたからに他ならない。

エジソンというと、一日24時間、研究室にこもり、実験三昧《ざんまい》という印象が持たれがちだが、実際には、こうした非日常の刺激をとても大切にしていた。

Column.2

周りの反応など気にしないエジソン流健康法

何十年も激務をこなしたにもかかわらず、病気らしい病気をしなかったエジソン。

その理由の一つとして、オフ・タイムでの健康管理にも、独自のポリシーを貫いていた。

1 食事へのこだわり

エジソンは、健康法に関しても、自分流の考え方を持っている。

彼曰《いわ》く、人間の体も「機械」であり、手入れが欠かせない。長持ちさせるためには、普段から、機械に油を注いで潤滑をよくするような手入れをしなくては、突然死してしまう。体調や健康の度合いは、医者も含めて他の人では分からない。自分が最高の主治医なのだ。

具体的には、どのような健康管理をしていたのか。エジソンは、発明家として有名になって以来、数多くの講演やパーティーなどに招待されていた。

そこでは当然、豪華な食べ物や飲み物が出されるのだが、それらを口にしなかった。食べると、おなかを壊すことが多かったからだ。

そこで彼は、自分の体に合ったサンドイッチなどの弁当を妻に作ってもらい、持参した。

エジソンにとっては、**自分の体や頭脳は、画期的な発明を可能にする、大切な資本だ。そのマシンを常にベストコンディションに保つには、マシンに合ったガソリン、エネルギーを摂るようにしなければならない**というわけだ。

エジソンは食べ物の種類や量を、かなりコントロールし、体調管理に気をつけていた。

ただ、食事時間は決まっておらず、食べたい時に食べていた。そのほうが、体調がよかったようだ。発明したトースターなど調理器具を売るために、朝食をはじめとする「一日三食」を提唱したと言われているが、自分は独自の食べ方をしていた。

食べる量は少なかった。これは燃費がいいということだ。朝食は、ビスケット1枚と温かいミルクだけ。そんな少食で、アウトプットは世界を変えるような発明が次々と出てくる。エネルギー効率からいえば、最高の働きになるわけだ。

現代の日本人もエジソン当時のアメリカ人も、おいしいものを食べすぎている。当時から人々は、食べすぎにより、今で言うメタボリック症候群になり、健康を害し、糖尿病などになっていた。しかし、それでは自分というマシンがフルスピードで走れない。

食べ物についても、自分の体にふさわしいものを考え抜いて、よく統御することが大事なのである。

2 正装嫌い

食べ物だけでなく、服装についてもエジソンにはこだわりがある。服装を整えるのを煩わしいと感じていたのである。ネクタイやベルトで首を締めつけ、おなかを締めつけることで、血流を悪くし、ストレスのもとになるからだ。そんな彼は、常にリラックスできる、ちょっとルーズな服装を好んだ。

とはいえ、パーティーの席などには、ある程度正装して行かなくてはならない。それがよほどイヤだったらしく、帰宅するなり、「こんちきしょう」などと言いながら服を脱ぎ捨て、自分を解放していた。

やがて、正装が求められるような、気の張る場には出ないようになった。自分のことをいちばん分かっているのは自分であるがゆえに、周りがどのように思おうとも、気にならない。自分なりのライフスタイルを貫き通すところがあった。

3 健康のためには、日本人コックも雇う

エジソンはそれまで妻の手料理を食べていたが、69歳の時にお気に入りの料理人を見つけて以来、彼をお抱えにした。

その料理人は、佐藤綱治という名の日本人だった。仙台出身の彼は、「狭い日本には住み飽きた。新大陸で、料理人としての腕を試してみたい」とアメリカに渡り、デトロイトでレストランを開いていた。

その店をたまたま訪れ、ビーフシチューを食べたヘンリー・フォードが、「こんなおいしい料理は食べたことがない」とたいへん気に入って、エジソンを誘い、再び訪れたことから縁ができたのである。

エジソンは、もともと外食を好まなかったが、佐藤氏の料理がおいしく、おなかの調子も悪くならなかったため、自ら彼を口説いてお抱えの料理人に

した。そして、佐藤氏にハロルドという名前を与え、行く先々に連れていくようになった。

このエピソード一つをとっても、エジソンがいかに偏見とは無縁であったかが偲《しの》ばれる。というのも、日本という国がどこにあるのか知らない、あるいは中国の一部だと思っている人のほうが多かった１００年前のアメリカで、日本人コック長を雇うこと自体が、非常に珍しいことだったからだ。

ちなみに、雇った日本人は佐藤だけではない。生命を救ってくれたボディーガードや、会社のトップセールスマンも、実は日本の若者だった。

エジソンは、当時の一般的なアメリカ人にとっては違和感のある外国の人間、文化、宗教、歴史、価値観に対しても、「よい」と思うものについては、積極的に取り入れた。のみならず、その違いに、新しい発想のもととなる刺激を見出した。

偏見に基づいた常識を安易に信じなかったことで、思考停止に陥ることなく、自分の目で見て、自分の頭で考える方針を貫いたのである。

第8章

人生の節目で、ますます熱くなれ

エジソンへの質問

働き盛り、老年期、晩年と、人生には、さまざまな節目があります。その時々に、有意義な選択をしたいと思うものですが、どのような点に注意すればいいのでしょうか？

また、あなたは、はっきりした死生観を持っていましたが、晩年の心がまえとしてその考えをアドバイスしてください。

■晩年のエジソン。

■エジソンの死を報じた新聞（現物）。大きく特集が組まれ、エジソンの偉大さが偲ばれる。

■エジソンを称えたポルカの曲。「ミラクルマン」と題されている。

㉜ 人生の区切りは36歳

36歳ぐらいまでにいろいろ経験し、成功も失敗も考えて悩むが、それ以降は、本当の自分の役割や役目、仕事に取りかかれる。

The man who has reached the age of thirty-six has just about achieved readiness to discard the illusions built on the false theories for which wrong instruction and youthful ignorance previously have made him an easy mark.

「年齢と達成できること」の目安に関して、エジソンは次のように述べている。

だいたい36歳が、人生の大きな区切り、節目である。すなわち、**36歳ぐらいまでにいろいろ経験し、成功も失敗も考えて悩むが、それ以降は、本当の自分の役割や役目、**

仕事に取りかかれる。

もしあなたが本当に世の中に役立つと運命づけられているとすれば、36歳ぐらいまでの間に、試練というか、厳しく打ちのめされることを、必ず経験しているはずだ。それまでに、さまざまな痛みや挫折、他人とは違うショックを経験したことのない人は、とうてい社会に役立つような人生を送ることはできない。

本当に社会に役立つ人とは、平穏な道、つまり、安易にシェルターで守られ、どこからも叩かれることなく、衝撃を感じないような人生を送ってきたはずがない。

36歳ぐらいまでの間に、そういう経験があれば、その後は、毎年いろいろなことを成し遂げるスピードも結果も、加速度的に膨らんでいく。

もちろん、体あってのことだから、酒の飲みすぎ、タバコやコーヒーの摂りすぎなど、肉体を過度に傷めつけないかぎり、食べすぎないで健康管理をしっかりしていれば、60歳にとどまらず80歳まで、場合によっては90歳までいける。

しかし、80歳を過ぎると、生産性のカーブは急にダウンする。それは、人間の生産性のサイクルが終わりに近づいていることへの警告なのだ。

だいたい90歳を過ぎると、人間の体を形成している物理的要素が、今の体を離れて次の新しいサイクルに移動する準備期間になる。

となると、その時点で人間の意識は、肉体から離れることになる。

当然のことながら、肉体から精神が離れるようなことが35歳あたりで起こると、何も世の中に役立つようなことは生まれないし、リーダーシップも生まれない。
〔1927年に記す〕

このように、エジソンは36歳までは準備期間だと考えている。それまでの間に、成功・失敗の経験を積み重ね、多くのものを吸収し、それらを肥やしにして、60歳ぐらいまでの間、一生懸命、世の中に役立つ形で生産性のある取り組みをしていくということだ。

健康を気づかえば、80歳まではフルに働ける。90歳を過ぎたら、本当の意味でのチェンジに向けて、意識も肉体を離れる準備に入ると、彼は観察している。

ではなぜ36歳が区切りなのかといえば、エジソンの発明の区切りもこの頃に生じ、結婚もそれくらいの年にするなど、いろいろな成功・失敗を体験しているからだろう。自身の経験から、36歳ぐらいが人生の節目であり、それまでは、失敗を恐れずチャレンジし続けよということだ。

㉝ 好奇心は衰えない

私は74歳だが、リタイアしたいなんてちっとも思わない。

I'm seventy-four, and I don't want to retire.

この日記を執筆していた1921年、エジソンは74歳になっている。しかし、当時でさえ人間の脳と記憶に関する論文を発表するなど、老境などは無縁のようだ。

よく周りの人から、「エジソンさん、70歳を超えて、毎日どうやって時間を過ごしているんですか?」と訊かれるが、そう質問する人は、興味を持っている趣味などを、若い頃から自分で拡大する努力をしてこなかったのだ。

本を読む、人を観察する……自然からのメッセージを受け取ることだって、趣味になる。そういうものをきちんと身につけていれば、最後の日を迎えるまで、本当に充実した忙しい日々を送ることができる。

私は74歳だが、リタイアしたいなんてちっとも思わない。具合が悪くなり、寿命がきて、医者が酸素ボンベを持ってきてくれたら、「ああ、これでもう、現世の使命は終わったんだ」と分かるからギブアップするが、そうなるまでは、日々どんどん、やりたいことに興味を持って取り組む。

〔1921年に記す〕

大事なことは、**好奇心や自分の興味の対象があれば、世界は常に変化しているから、70歳でも80歳でも、きちんと時代の流れに沿っていける。**そう自分で意識していれば、時間はいくらあっても足りないはずで、「どうやって時間を過ごしたらよいか」と悩むことは、まったくないと言っているのである。

若い頃から、いろいろなことに関心を持つことを心掛けていれば、読書し、自然を観察すること、そして人がどんな行動を取っているのか、じっくり分析するだけでも、時間はいくらでも有効に使えるというわけだ。

34 死への恐れをなくす方法

「足るを知る」というが、
与えられた生命の中で
満足感や達成感があれば、
未練がましく
生に固執することはない。

No dreamer about immortality has crystallized his dreams into a desire for a perpetual extension of such lives as we live here. Enough's enough of any human life as human lives are now.

エジソンは、晩年の心がまえとして、生への執着にとらわれないあり方こそが、死への恐れをなくすことだと勧めている。

時が来ると、普通の人間なら、「これ以上、今の人生は続けたくない。もう十分に生きた」という瞬間に必ず行き当たるだろう。

「足るを知る」というが、与えられた生命の中で満足感や達成感があれば、未練がましく生に固執することはない。

自分で精一杯、努力して、一定のことを成し遂げた人は、死に対して無頓着というか、こだわらなくなる。

現在の、人間としての生命をこれ以上、長らえることには、関心、要望、欲望がなくなる。

通常の知的な人間の意識を構成している要素は、ある時点で肉体から離れる。今の人間の寿命サイクルの中で、次の生命体に移動していくのだ。

〔1927年に記す〕

この辺は極めてスピリチュアルな世界観に基づいていると言える。人生が「死んだら終わり」ではないことを知れば、「老い」は受け入れやすくなる。ましてや、**肉体は乗り舟にすぎないと分かれば、死におびえる日々から解放される。**そのことを、エジソンは自然界や宇宙から発明のヒントを得る中で実感していたに違いない。

㉟ 変化なくして進歩なし

人間としての肉体をフルに使い、
いろいろなことを試した結果、
あるポイントを過ぎると、
次はどんな世界が待っているか分からないが、
チェンジの世界に向かって
旅立っていかなくてはならなくなる。

When they have had all of these that they can get out of it they must turn for change to whatever may come beyond.

人間は、常に進歩を目指す存在である。であれば、この観点から死をどう捉えればいいのだろうか。

人間は生涯、変化を求めている。なぜなら、「変革なくして進歩はない。じっとしているということは、退化しているのだ」と、警告として受け止める人が多いからだ。

生命の終わりが来た時には、今までの人間の肉体とはまったく違う、非肉体の属する世界で、より大きな存在、より影響力のあるステージに変わっていく。

通常は、本能や、人間として肉体の中で習慣づけられた、ものの考え方や行動に左右されるが、実際には、それらを突き抜け克服できると、まったく新しい、それこそチェンジが可能になる。

人間として生きている間は、一般的な人の場合であれば、常に何か新しい展開を求めるものだ。新しい仕事で成功したいとか、もっと自分の体験していない感動を得たいとか、とにかく変化を求めるのが、習性になっている。

しかし、そういうものを追い求め、**人間としての肉体をフルに使い、いろいろなことを試した結果、あるポイントを過ぎると、次はどんな世界が待っているか分からないが、チェンジの世界に向かって旅立っていかなくてはならなくなる。**

〔１９２７年に記す〕

エジソンは死を、肉体を持っている状態とは違う、次のステージに変化する時の「チェンジ」なのだと理解している。

言い換えれば、**自分の意識が肉体から離れ、霊的な存在になるにすぎないので、死は永遠の終わりではない**ことを示している。

先見力で、未来を創り出せ
III

第9章
創造的人材を生む教育

エジソンへの質問

戦後の日本では、「ゆとり教育」などの影響で、機会ではなく結果の平等が求められ、正邪の判断基準、自己責任、自助努力に対する関心が希薄となり、学力も低下傾向にあります。

そうした現状から脱却し、社会に貢献しうる人材輩出につながる教育のあるべき姿について、どうお考えでしょうか?

また、あなたのような創造的な天才を輩出するには、どんな教育が必要だと思われますか?

■自動車による全米キャンプ・ツアーのもようをまとめた「THE BEAUTY」。中央写真左上は、自動車ツアー中に、場所を選ばず昼寝をするエジソン。

■1893 年開催のシカゴ博覧会。中央は、エジソンが出展した「電気の塔」。

36 考える力を養う教育法

観察力がないために、世の中のいろいろな動きや変化に対して、みんな無頓着で気づかない、という問題が起こっている。

There is much ignorance in the world, mostly from lack of proper observation.

エジソンのような天才的な人間を輩出するには、どのような考え方や教育が必要なのかを、本章で見ていこう。その内容は、大人にとっても、自分をつくり替える視点を学ぶことになる。

エジソンは、当時のアメリカの旧態依然とした教育を、次のように痛烈に批判している。現代の日本やアメリカの教育にも、十分に参考になる内容である。

教育システムについてどう思うか尋ねられることがよくあるが、「なっていない」というのが私の答えだ。

今のアメリカの教育システムは、過去の遺物、形見、そういうものに依然としてとらわれている。オウムのような繰り返し、要するに暗記ばかりだ。アルファベット26文字でできているにすぎない常識などを、とにかく覚えるだけ。これでは眠たくなるだけの教育をしていると言えよう。

＊＊

子供たちにとっては、見たことのないものについて、2時間も先生の話を聴きながら教科書で勉強するより、目の前に「これがそうですよ」という現物をひと目見るほうが価値がある。「百聞は一見にしかず」である。

子供というのは、体を動かすこと、全身の五感を働かせることによって成長するもの。子供には、肉体と脳の両方に十分な運動を与えなければならない。

腕をどんどん鍛えれば筋肉がつく。脳細胞も同じことだ。考えるというエクササイズをさせることにより、ますます働くようになる。観察をすることによって、脳のひだが増えていき、だんだん層が重なってくる。一方、鍛えなければ脳はどんどん退化してしまう。

子供たちに、歴史的な事実や年号など、見たこともないようなものを、「とにかく、これを覚えなさい。あれを覚えなさい」とめちゃくちゃに詰め込んでも、何の役にも立たない。そんなことをすれば何が起きるかというと、脳が萎縮してしまうのである。

このように、今、子供たちに対して脳を萎縮させるようなことばかりをやっているが、これはアメリカにとってたいへん大きな教育上の問題だ。

能力は環境に応じて発達するということを理解しなくてはならない。

子供たちの好奇心あふれるマインドに対して、まったく使い道のないような無味乾燥な事実で頭をいっぱいにするのは、実に無駄な努力だと言わざるをえない。

＊＊

観察力がないために、世の中のいろいろな動きや変化に対して、みんな無頓着で気づかない、という問題が起こっている。

もし的確な教育が施され、きちんと脳や肉体を鍛えることができていれば、よけいなものが入り込む余地はなく、詐欺師の餌食《えじき》になることもないのだが、それがなされていない。

〔１９１４年に記す〕

このように、エジソンは、せっかく新しい変化の女神がほほえもうとしているのに、教育界はそれにまったく応えていないと、厳しく批判している。

大人も子供も観察力がない分、考える力が養われないことを、彼は危惧《きぐ》しているのだ。教師から言われたことや教科書に書いてあることを覚えるだけでは、自分の目で見て自分の頭で考え判断する能力が育たない。要するに、「百聞は一見にしかず」ということである。

観察し、自分で体を動かして初めて覚えるのではなく、子供たちがどう扱ったらよいか分からないものを、頭で覚えさせるだけ。その弊害を、エジソンは口を酸っぱくして警告しているわけである。

記憶するだけの学習ではなく、記憶を材料に「考える力」を養うことが大切なのだ。それができて初めて、従来の常識を根底からくつがえすような新たな発見が可能になる。

自分で観察し考えることをしないと、詐欺師の餌食になりかねない。今の日本人は、詐欺によく引っかかり、騙されやすいと言われるが、アメリカでも同じだったのである。

37 時代の「スピード」に、教育界が追いつかない

すべての組織、
学校でも役所でも、あらゆるところで、
官僚主義的な考え方が邪魔をしている。
その中でいちばん問題なのは教育であり、
教育の現場は
時代後れという弊害に侵されている。

We have too much red tape in all of our institutions. Our educational system much of it belongs in the time when we traveled by horse-back and canal boat.

では、教育界の何が問題なのか。具体的に見てみよう。
社会が猛烈な勢いで変化している中、教育界は旧態依然とし、変化のスピードに対応できていないと、エジソンは嘆いている。

文明にとって最も必要な役割とは何か。それは、どう考えればよいのかという思考方法を教えることだ。これこそ、学校教育の最も重要な使命である。世界は猛烈な勢いで変化している。その変化の中で、官僚主義的な建前、前例主義によって、さまざまな弊害が生まれている。**すべての組織、学校でも役所でも、あらゆるところで、官僚主義的な考え方が邪魔をしている。その中でいちばん問題なのは教育であり、教育の現場は時代後れという弊害に侵されている。**

〔1914年に記す〕

エジソンの時代は、彼の弟子であったヘンリー・フォードがT型モデルの自動車を世に生み出した時代だ。自動車の出現により、人やものの移動手段と行動範囲がガラッと変わり、格段に便利になった。続いて、高速鉄道、飛行機も出現し、移動・輸送能力がさらに上がり、それによって社会も激しく変化した時期だった。

また、ちょうど1893年当時、シカゴで世界博覧会が開催された。そこでエジソンが発明した電球が大々的に展示されたのだが、これこそまさに、それまでガス灯やランプでしか得られなかった明かりに大変革がもたらされた、象徴的な出来事だった。

何がこうした変化の原動力になったのか、エジソンは次のような趣旨で述べている。

人類は社会の大きな変化を経験する一方、人の意識や組織のあり方が、変化のスピードに追いついていなかったことが問題である。**変化を察知するには、敏感なセンサーが要る。その変化に合わせて、慣れ親しんだ従来のスタイルを捨て、新しいスタイルをとるには勇気と実行力が要る、**と――。

教育界にこそ、この勇気と実行力が要るとは、そのまま現代日本にも通じる指摘である。

38 教育者は、世界の「変化」を子供たちに説明せよ

教育者の役割は、
発明家のあとを追うことにある。
多くの人々が想像力をかき立てられ、
発明家が新しい時代を切り拓く。
そういう発明に対して、きちんと
フォローしていかなくてはならない。

The educator had to follow the inventor the specialist in high pressure stimulation of the public imagination and the salesman had to wait until his work was done.

教育の役割とは何か。エジソンは、社会の変化がどのようにして起き、身の回りで起きていることとどう関連し合っているか、どんな進歩をもたらしたのか、そのプロセスをじっくり観察し、考え理解する大切さを、子供たちに教える必要があると痛感していた。その変化と進歩をもたらすものとして、発明家の役割の大きさを訴えているのだ。

通常、人々は現状に満足している。進歩というものは、一定の数の人々の不平不満がたまったタイミングで起きる。人々が「もう限界だ」と思うところまで来て初めて、それは起きうるのだ。

教育者の役割は、発明家のあとを追うことにある。多くの人々が想像力をかき立てられ、発明家が新しい時代を切り拓く。そういう発明に対して、きちんとフォローしていかなくてはならない。

商業的教育、すなわち、結果というものがきちんと分かる、感じ取れるような教育が大事なのだ。

〔１９１４年に記す〕

まず、社会に変化を促す原因として、人々の不平や不満があると指摘している。人々が、「もう今のままではやっていけない。こんなシステムでは満足できない」と思い、その不平不満が一定以上たまると、それを解消する発明や新しいシステムが生まれ、新しい想像力をかき立てられ、多くの人が「では、そちらへ移行しよう」と受け入れる。そして、新しいものが広く浸透した結果、社会全体が変化していくというわけだ。

こうした、発明そのものと、発明によって生じた諸現象を、教育者はきちんと観察・理解し、時代を牽引する発明家をフォローしながら子供たちにそれらを教えていく役割があると、エジソンは言っている。エジソンは、発明が社会全体に広がるための〝空気づくり〟も、教育者の役割だと考えていたようだ。

確かに、発明により、世界は大きく変わっていく。そのプロセスをつぶさに見ていく子供たちは、**考え方や発想がより豊かになり、向上心が育まれ、「社会に貢献できる大人になりたい」と、具体的な夢を描けるようにもなる。**

「我々は、もう十分に、毎日豊かな生活を送っているではないか。これ以上、何が必要なのか」と人々が現状に満足してしまうと、新しい発明は生まれない。子供たちにとっても大人たちにとっても、社会をよりよい方向にチェンジさせていく上で、新しい発明を受け入れる土壌を耕す作業が欠かせない。その最初の舞台こそが教育の現場というわけだ。

現代の日本を見てみると、指導要領がときどき変わり、教科書は改訂されているものの、その根本的内容はずっと同じようなもので、あまり変わらない。「国家百年の計は教育にあり」と言うが、エジソンの見識に学び、進化に向かう社会変化のプロセスや、問題・改善点を、もっと生き生きと、かつタイムリーに反映させ、子供たちの社会貢献への意欲を促す余地は、まだまだありそうだ。

39 自動車を発明した社会的影響の大きさ

自動車の重要な使命は、新しい地理への道先案内人ということではない。大事なのは、新しいチャンス、新しい機会を切り拓いてくれるというところだ。

The important mission of the automobile is not the opening up of new geography but the opening up of new opportunity.

発明の社会的影響を子供たちに教えるにあたり、エジソンは、その好例として、当時発明されたばかりの自動車の功績を詳しく述べている。

自動車の偉大な価値は何かというと、いろいろな場所に速く簡単に、しかも安く行ける、要するに距離を超えるということだけではない。

何百万人という多くの人々に、それまで行ったことのない所に自分で移動できることによる、刺激を与えられる。まさに、多くの人々の心を鼓舞し、移動への動機づけにかき立てる。今まで自分たちには接点のなかった、より広い世界で、いったい何が起こっているのかということに目覚める。これは、公のためにも非常に重要な役割を果たしている。

もし自動車が発明されていなければ、人々を移動させるだけのパワーのあるものは、地震ぐらいしかなかった。大半の人々は、学校を出てから、地図を広げて見ることすらなかった。

「アメリカを見て回ろう」というスローガン以上のことを、自動車は成し遂げた。自動車のおかげで、遠くまで行くだけでなく、多くの人たちが、自分自身を見つめ直し、また自分の住んでいる近所、周辺というものを初めて見ることができるようになったわけである。

自動車という移動手段を手に入れることによって、自分たちのそれまでの生活空間が、いかに狭く小さなもので、意味のないものであったか、どことどうつながっているかということが分かって、人は、新しいビジネスや環境に対して働きかけることができるようになる。

それは健全な兆候である。要するに、じっとせず常に自分の足や車で移動するということは、進歩のために最初に必要とされることだ。人々が完全に満足していれば、新たな発明は生まれない。

＊＊

自動車の重要な使命は、新しい地理への道先案内人ということではない。大事なのは、新しいチャンス、新しい機会を切り拓いてくれるというところだ。

もし、この車の重要性、新しい視野を広げてくれるという教育的な面に多くの人が気づいてくれるのであれば、たとえ車がガソリンを食うということがあっても、そのガソリンは無駄にはならない。

〔１９１４年に記す〕

ここで述べられている自動車に関する見解は、非常にエジソン的な発想によると言える。自動車は、小さな世界から出て、今まで行くことのできなかった新しい所に足を運び、大きな世界観を手に入れる力を人間に与えてくれる。これに勝る教育的効果はない、というのである。

車のおかげで、「どこに行きたいか」という主体的な好奇心や興味の赴くまま、あちこちに移動できるようになった。これに教育的な意味を見出さないでどうするのかということだ。

車なくしては、実際には行けない場所を描いた地図は紙の上に描かれた図でしかない。しかし、人々が車という移動手段を手に入れたことによって、地図が本来の意味を持ってくる。

自分が置かれている状況が、まだ満足できるものではなく、「もっと違う世界があるのではないか。もっと違う価値観や環境のもとに自分を置いてみたい」という願いが人々の中にあるかぎり、車という発明は受け入れられる。それが、やがては社会の進歩につながるのだ。

ゆえに彼は、自動車の発明を、映画、ラジオとあわせた三大発明の中でも最も高く評価しており、今の時代から見ても、その先見性には驚くばかりである。

当時、まだアメリカでも、テキサスあたりで新たな油田がどんどん見つかっていたものの、車のエネルギー源として、ガソリンが、将来いつまで利用できるのか見通しが立っていなかった。そうした不安の声に対して、「そんなことを**心配するよりは、自動車によって得られるプラスの側面に、もっと目を向けるべき**だ」と、エジソンは述べている。

40 「後ろ向きの発想」という悪魔

今の世界に一人の悪魔が存在したとすると、
しかも否定できないぐらいの
「必ずいる」という悪魔がいたとすると、
それは新しいものに対して
目を向けないという意味での
無知の悪魔である。

If there is one evil in the world
today for which there is no excuse
it is the evil of stupidity.

人間というものは、慣れ親しんだシステムや人間関係、環境の居心地がよくなると、「これで十分ではないか」と、変化や変化に伴う破壊を躊躇《ちゅうちょ》してしまう。しかし、それでは人間は退化するので、ある意味では強制的に、脳細胞を刺激する教育が大事なのだとエジソンは述べている。

今の世界に一人の悪魔が存在したとすると、しかも否定できないぐらいの「必ずいる」という悪魔がいたとすると、それは新しいものに対して目を向けないという意味での無知の悪魔である。

人々が、まったく無関係の内容に見えるいろいろな事実を、自分で考えずそのまま受け入れてしまうのは、今までどおりが最もよいのだという発想による。

そういう保守的な考え方、今までのやり方がいちばんよいという考え方は、変化への恐れにつながる。その恐れから、無知が生まれる。

製作過程にある物事を見ることが重要であり、それによって、偏見のない知識を得ることができるのだ。

とにかく機械的に、他の人が観察したことをそのまま記憶し、他の人が考えたことをオウムのように繰り返し、暗記することで、知識を積み重ねてきたと錯覚してしまう。そうではなく、本当に自分の頭で考えることを始める時だということを、若い人たちに言っておきたい。

そういう、自力で考えたり、観察することを、できるだけ早く始めるに越したことはない。

＊＊

保守主義こそが進歩の最大の敵である。どんな発明も、5年から7年ぐらいの試行錯誤が必要だ。しかも、多くの人に使ってもらえるような、意味のある発明というものは、生まれるまでに時間がかかっているものだ。しかし、そういうものが使えるようになると、今までの、古くからある伝統、従来型の発想や価値観というものがガラリと変わる。

〔1914年に記す〕

エジソンの言う「悪魔」とは、新しいものに対して目を向けない、無知を意味する。せっかく目の前に無限の可能性があるのに、それに目を向けず常に後ろを向いている。そういう意識が、進歩にとっては最も邪魔になるということだ。

自己責任と自助努力により進歩を目指し続けないかぎり、本物の知識も育まれず、結局は無知に陥ると、エジソンは看破していると言えよう。

一方、インパクトのある発明というものは、生まれるまでに時間が必要なので、「今日思いついたから、明日これができる」というものではなく、醸成する時間が不可欠だ。それは、何も考えずに現状維持でよしとすることとは根本的に違うと、エジソンは訴えている。

41

「忘れるクセ」を許すな

忘れる習慣、
特別なコンディションの
もとでなければ
記憶しないという習慣は、
よくないものだ。

*The habit of forgetting,
the habit of not even taking
things into his consciousness
except under certain
extraordinary conditions, is
a vicious and a subtle one
which he is not able
to shake off.*

エジソンは、自社の幹部候補社員の資質としても「記憶力」を重視しているが、学校教育ではこの記憶力が間違った扱われ方をしていることに、警鐘を鳴らしている。

11〜15歳くらいになると、子供たちは知的関心が散漫になり、じっくり物事を観察することができなくなる場合がある。この原因は、学校にある。

子供たちは、耳は傾けてはいるが、聞こえていない。目を見開いてはいるが、ものを見ていない。肉体の機能として五感があるが、それを本当に使いこなしていない。あるいは、使いこなすような教育が学校で十分行われていない。これが問題なのである。

アメリカの学校や大学は、せっかく機会を得ようと思っている若者、子供たちの学ぶ力を、かえって台無しにしている。

学校に行くことによって、本来の学ぼうとする意欲、五感の持っている力をそぎ落としてしまっている。

もし学校が、彼らの感覚を硬直化させ、また、知的に怠惰な生徒たちをそのシステムの中に囲うことに意味を見出しているなら、今日覚えたことを、明日には永遠に忘れてしまうような今のアメリカの学校システムは、時代後れだと知らねばならない。

＊＊

生徒・学生のいちばんの関心は、いかに試験でパスするか、合格するかということだけだ。試験が終わると、それですべてが終わりになる。今日まで覚えてきたことを、明日になったら、きれいさっぱり忘れてしまう。「もうこんな厄介な知識は使うこともないだろう。ああ、せいせいした」と思い、すぐに忘れてしまう。

忘れる習慣、特別なコンディションのもとでなければ記憶しないという習慣は、よくないものだ。

〔1921年に記す〕

エジソンは、多くの人が学校で、覚えたことをすぐ忘れてしまうようなクセをつけていることが問題だと指摘している。若者たちが、そういう教育システムの中に放り込まれているというのだ。

当時、エジソンの工場には、ハーバードやＭＩＴなどアメリカの超一流と言われる大学の卒業生たちが、就職を希望し押し寄せていた。しかし、彼らの入社試験を通じて、画一的な丸暗記タイプでは、実験や生きた知識を積み重ね、独創的発想が求められる工場での仕事に不向きだと、惨状を痛感することになる。

現代日本でも、いたずらに勉強が目的化され、本来の教育の意義が忘れられたきらいがあるが、エジソンはそうした問題に対し、１００年前に警鐘を鳴らしていたわけだ。

Column.3

発明王はどんな教育で生まれたのか

本章で見てきたように、エジソンは、教育のあるべき姿について明確なビジョンを持っていたが、彼自身は、どのような教育で育てられたのだろうか。

エジソンは、今で言う小学校に3カ月ぐらいしか通学していない。１００年前のアメリカでは義務教育などなかったので、これで違法というわけではなかった。

当時の学校の機能は、教会付属の教室が、「読み・書き・そろばん」など社会で必要となる基本的な技能を教えることで代替されていた。

そうした中、エジソンは、子供の頃から好奇心が旺盛で、自分で考えて分からないときは、教師を質問攻めにしていた。

そんな彼が、教師から「こんなことを考えるのは、おまえの脳味噌が腐っているからだ」と言われたのは、有名なエピソードである。そのことを母親に言うと、彼女は、「息子のことは、自分がいちばんよく分かっている。子供のことを理解できない先生のもとで、ありきたりのことを教えられても、時間の無駄だ。むしろ、自分の子供の才能が腐ってしまう」と考えた。

そこで、「もう学校へは行かなくていい」と言い、エジソンに自ら歴史を教え、本を読ませ、材料を揃えて理科の実験をさせるなどして、教育した。母親は教師だった経験があるので、それができたのだ。

エジソンは、その教育を基礎に、図書館の本をAの棚からZの棚まで読破するなど、「図書館を読む」という方法で知識を吸収した。

つまり、**天才エジソンを生み出した教育環境は、第一に、社会の変化に疎《うと》い硬直的な学校制度の毒に染まっていなかった**ことにある。

第二に、母親から受けた教育内容が、天才脳を育むための、**自学自習の創意工夫に満ちていた**ことが大きかったと言えよう。

Column.4

エジソンの教育観がアメリカ繁栄の土台に

エジソンの述べている「教育をチェンジしなければいけない」という観点が、彼の生きていた時代に、ある程度、教育に取り込まれたことで、この100

年のアメリカの繁栄があったと考えてよい。

日記に書いてあるとおり、彼は、アメリカの教育を、より実用的、実学的に変えようと、ヘンリー・フォード、ハーヴィー・ファイヤーストーン、チャールズ・リンドバーグといった人たちと教育改革を試みた。彼自身が奨学金制度を立ち上げて、優秀な高校生たちに、本当に役立つ教育とはどういうものなのかを体験させる。全国、全米の学生たちを競わせて、優秀な生徒に奨学金を与え、エジソンの研究所でいろいろと実験をさせて見せるなどして、子供たちに刺激を与えようとした。

当時も、大学生たちが、彼のところに「仕事をさせてほしい」と次々に来るのだが、頭でっかちで、どうしても発想が柔軟性に欠ける。これを何とかしないと、自分の会社のことだけでなく、アメリカの将来にとっても気掛かりだというわけである。そこで、どんなことができるのか。いちばん手っ取り早いのは、自分の発明工場を、教育の場として開放して見学させたり、子供たちにものを作ることの楽しさを体験してもらおうと、創意工夫を試みたのである。

大学生になってからというより、高校生ぐらいの、まだ柔軟性が残っている段階で、それをやろうとした。その後、大学に入学し、エジソンの教えをある程度生かせば、本当に役に立つ知識、技能を身につけて社会に出られるというわけである。

ヘンリー・フォードも、全然、学校教育を受けていなかったが、画期的な自動車という発明品を世に生み出した。フィルム企業で有名なジョージ・イーストマンも然り。デュポンも、有名な鉄道王バンダービルトにしても、鉄鋼で名をなしたアンドリュー・カーネギーも、いわゆる大学教育まで受けている人は少なかった。

しかし、彼らの教えを受け止めてから、大学などに行き、新しい発明や新しい産業を起こす人たちが、だんだん現れてきた。

このようなエジソンによるフォード、イーストマン、デュポンといった人たちとの教育改革の試みは、社会的インパクトがかなりあった。

デール・カーネギーの『道は開ける』などの教材にも、エジソンの教えは生かされ、アメリカにおける実践的な倫理教育の土台となった。

成功するために必要な職業倫理観、あるいは**信頼を重んじる人間関係**をベースにしたエジソンの生きざま、**「思考が大事だ」というものの考え方**などが、積極的に広められていったわけである。

こうした社会教育がアメリカの近年の繁栄を築いたものの、やがて忘れられてしまったため、昨今の金融危機が引き起こされたと言っても過言ではない。まさに、「歴史は繰り返す」ことを痛切に感じさせる。

そういう意味で、「１００年前の頭脳など、今さら読んだりして学んでも、意味がないのではないか」と思う人もいるだろうが、それこそ常識の罠《わな》に陥っていると言える。

日本の教育にも改革が必要だろう。アメリカも、70年代に導入した、いわゆる非管理教育により、学力低下、校内暴力、いじめなどが多発した大失敗から、90年代には厳しい規律を回復させるなどして、教育方針を元に戻した。

遅れて日本でも導入した「ゆとり教育」が、学力低下や学級崩壊などにつながって苦しんできただけに、**学力向上はもちろんのこと、正邪の基準を明確にした教育方針を見直す**など、今またチェンジの時がきたと言える。失敗は、気づいた時が成功へのスタートとなる。

第10章
若者の使命

エジソンへの質問

若者が常識にとらわれずに発想し、生き、社会に貢献すべく自助努力する大切さを、あなたは一貫して訴えています。

その提言の数々が、その後のアメリカ繁栄の基礎を築いたわけですが、そうしたあなたが、改めて若者に期待するメッセージをお伝えください。

■エジソン84歳の時の記者会見にて。ここで、「1%のひらめきと99%の努力……」のコメントが発された。

42 若者をどう励ますか

若者が完成していないからといって、それを批判したり見下すことは、若者にとって最も不公平である。

Maturity often is more absurd than youth and very frequently is most unjust to youth.

大人は若者に対して、どう接するべきか。エジソンは実に寛容に、若者たちへの偏見を取り去る必要を訴えている。

人間が完成してしまうということは、もうそれで終わってしまうということだ。逆に、若いということは、未完の器であることを意味している。**若者が完成していないからといって、それを批判したり見下すことは、若者にとって最も不公平である。**

何でもかんでも人を批判するという波が、アメリカ全体を呑み込もうとしている。「最近の若者は、お酒を飲みすぎる」とか、若者に対するいろいろな偏見や批判の声はあるが、それは、リンゴがたくさん詰められている籠《かご》の中に、腐ったリンゴが紛れているようなものだ。たくさんのリンゴの山に、一つか二つ傷んで悪くなっているリンゴがあるからといって、全部のリンゴが食べられないという短絡的な結論に至るべきでない。

若者が、ちょっと羽目を外して、お酒を飲んで暴れたりすると、大人は「とんでもない問題を起こす若者が多い」などと言うが、それは本当に一部だけなのであって、それだけで「若者は頼りにならない」という見方をするのは、大いに誤りである。

そうではなく、大人が若者に対して、先輩として激励する責任がある。どういう方向に激励するかといえば、きちんと自ら学ぶという方向にである。これこそ最も若者たちに求められている、先輩世代としての役割なのだ。

＊＊

大学とは何か。それは学ぶ場である。ビジネスとは何か。これも同じく学ぶ場である。人生そのものが学ぶ場であり、生きているということは学ぶということなのだ。

〔１９２７年に記す〕

大人は若者に対して、よく、「もっと成熟して完成度を高めないといけない」「もっと大人にならないと駄目だ」「こんな若いやつに何ができるんだ」「今どきの若い連中は」という言い方をするが、１００年前のアメリカでもそうだった。おそらく、千年、二千年前もそうだったであろう。実際、エジプトのピラミッドにも、同じような内容が記されていた。こうした若者を見下すような見方は問題だと、エジソンは述べている。

「未完」とは、むしろ可能性を示唆するものだと見方を変えれば、若者へのサポートの仕方も自ずと変わってくると、エジソンは言いたいのだろう。

また、**大人の使命としては、若者たちに対して、学ぶことへの動機づけや習慣づけを工夫することが大事**だとも促している。

43

時代を創造するのが若者の特権

その時代時代の若者たちがどういう変化を遂げていくのか、今日と明日は違う。明日とあさってとも違うのだ。

But the change which has occurred in the outlook of the rising generation is all in its favor.

アメリカのオバマ新大統領は、大統領選挙を戦う中で、「HOPE」と「CHANGE」、そして「BELIEVE」という言葉を多用していたが、この「HOPE」と「CHANGE」が、アメリカ人の思考に、深く刷り込まれている。今日より明日がよくなることを信じ、希望する。それによって、チェンジが起こる——。

しかし実際は、チェンジといっても、悪い方向に世界が変わることもある。人に対して、これがよいと思ってやっても、かえって足を引っ張ったり、思わぬマイナスの結果につながることもありうる。

エジソンは、そうしたことを踏まえ、「新しい世代」への期待について述べている。

今日の若者たちの未来というのは、前の時代の子供たちと比べて大きく違っている。過去の歴史を見ても、必ず「今の若者は……」と古い世代の人は言うし、世代を経るに従い、当然、社会も変化していくわけだから、**その時代時代の若者たちがどういう変化を遂げていくのか、今日と明日は違う。明日とあさってても違うのだ。**

誰しも、そういう変化、新しい世代が達成せんとしている変化は、よりよい方向へ行くものであり、プラスの結果をもたらすに違いないと思う傾向が強い。

ただ、これはどの時代にも当てはまることであり、今の時代の若い世代が特別に、よりよい変化をもたらし、社会をプラスの方向に変えていく力があるかどうかは、また別の話だ。

だいたい、今の若い世代が、前の時代の若者たちと比べて、本当に変化を体現する力がないということであれば、その世代にはまったく望みがない。

〔1927年に記す〕

若者の感度は、常に新しい何か、変化を求める特性を持っているとエジソンは分析しているが、新しい世代というだけで、彼らが社会の求めるものを生み出す原動力になるかどうかは、簡単には分からないとも指摘する。

若者たちに対して、ネガティブな偏見を持つ必要もない代わりに、根拠のない過大評価もしない。極めてニュートラルな視線を投げかけながら、じっくり観察せんとの意気込みも伝わってくる。

44 若者の不満を変化への原動力に

若者たちの怒りや疑問、
不平不満といったものから、
新しい発明や
物事を成し遂げる方法が生まれてくる。

A prevailing unrest among the youth could bring about new inventions and methods.

若者たちは、常に社会に対して不満を抱き、世代交代を求める。そういう若者の不満を、どう捉え、扱えばいいのだろうか。

社会に不穏な状況、事件や問題が起こっている。この不安定な状況は、特に若い人たちの精神状態に当てはまる。もちろん、不安定な状況は、それだからといって単純に悪いとは言えない。不安定な状況があるからこそ、若い人たちはさまよい、よく悩み、考え、そして何か現状を打破しようと思い行動に走るわけである。

そういう意味で、停滞、沈滞の打破につながれば、世界にとっても素晴らしいことになる。**若者たちの怒りや疑問、不平不満といったものから、新しい発明や物事を成し遂げる方法が生まれてくる。**そうつながるのであれば、若者たちの煮えたぎるようなマグマは、大いに大事な要素なのである。

古い世代は、そういう子供たちの動きに対して反対する。若者であろうと、年を取った世代であろうと、現状にすべて満足しているとなると、将来には少しも進歩や改善がない。

〔1927年に記す〕

若者たちの不平不満が、結果的に現状をよりよくすることにつながるなら、「創造的な破壊」というプロセスを否定する必要はない。

今の社会や仕組みの欠点に向き合い、自ら問題を見出し改善していくところに、若い世代のエネルギーの発露があるはずだ。**彼らの無限のエネルギーを、社会をよい方向に変える原動力に昇華させることが大事だ**と、エジソンは訴える。

㊺ 使命を担う若者が知っておくべきこと

ものを考える、思考するということは、
前の時代からの積み重ねのプロセスである。
今日の知識は、
過去の知識の集大成に他ならない。

Thinking is a cumulative process. The knowledge of to-day is nothing but the sum of the knowledge of the past.

若いということは、単に未熟な段階を指すわけでも、野放図なエネルギーの放出が認められているわけでもない。若者に求められていることは、「使命を担う」ことである。

人は誰でも間違いを犯すが、今の若い人たちは、過去の同世代と比べて、はるかに健全な思考方法を身につけているようだ。人間性という意味で、若い人たちは、明らかによい影響を受けている。

しかし、見逃してはならないことがある。それは、**ものを考える、思考するということは、前の時代からの積み重ねのプロセスである**という点だ。**今日の知識は、過去の知識の集大成に他ならない**わけで、若い人たちも、過去の蓄積の上に、今日の成熟した結果を得ているわけである。

これは、あらゆる組織、あらゆる現象に当てはまる。コミュニティーにおいてもそうだし、国家においても、はたまた、思考の世界においてもまったくそうだ。

これまでの過去の積み重ねが、最先端のものをもたらすわけで、若者という存在自体が、過去の積み重ねの結果として最先端の使命を果たすべき運命を背負っている。

〔1927年に記す〕

つまり、若者たちは、過去の知識の積み重ねの恩恵を受けて今があることを自覚する必要がある。そして**大人たちも、若者たちが最先端の使命を果たせるよう、彼らに「よき影響を与える過去」となるべく、努力が必要**であるということだ。

46 100年後の教育と宗教は、どうなっている？

宗教と同じで、
教育もゆっくりとしか変化しない。
しかし、教育の世界においても、
100年後には、
新しい方法がきっと生まれているはずだ。

Like religion education is very slow to change. In time, however, new methods will be introduced which will greatly improve it.

若者たちが担う未来に、エジソンは、次のような期待を寄せている。

今から100年後の世界の若者たちがいったいどんな様子になっているのか、あえて私は予測をしないし、100年後のことを言ってもしかたがない。ただ、100年経てば、1920年代の若者が置かれている状況と比べて、よりよい社会になっているはずだ。

それは間違いないと思う。これから100年経てば、若い人たちがどんどん世の中をよくしていってくれる。

アメリカの次世代の若者たちに対して、私は非常に希望を抱いている。その後もどんどん生まれる若い世代が、社会や世界をよくしていく創造的な破壊を繰り返すことを、私は固く信じている。

しかし、そのためには教育が重要になってくる。

今の若者たちは、教育を受けすぎている。すなわち、あまりにも、言われたとおりのことを覚えさせられている。若者たちは、親から、あるいは学校の先生たちから、手取り足取り「こうしなさい。ああしなさい」と言われて、自分からイニシアチブを取ることが、だんだん難しくなっている点も気になる。

教育は、よい方向に変わらなくてはいけないが、思ったほど変わっていない。**宗教と同じで、教育もゆっくりとしか変化しない。**

しかし、100年後には、教育の世界においても、新しい方法がきっと生まれているはずだ。

それがどのようなものであるにせよ、その新しい宗教や教育は、さまざまな点で今の教育や宗教とは違ったものになっているだろう。

〔1927年に記す〕

エジソンは、当時の常識で最高と思われていた教育や宗教を超越した、誰もが想像もつかなかった新しい教育方法や実践的宗教が、100年後には生まれているだろうと予測していた。

発明王が予測したような世界が、はたして現代に生まれているだろうか。実に興味深いところだ。

47 若いからこそ、考え抜くプロセスを

自分が必要だと思うより、少なくとも100倍の情報にあたるべきだ。ビジネスにおいては、徹底的に考え抜くというプロセスが特に必要になる。

When a good man reaches an opinion he probably employs in the process at least a hundred times as many facts as he himself would think possible. This is very notably true in business.

エジソンは、若いからこそ求められることについて多々言及しているが、記憶力をもとに深く考える力こそが必要である理由を、こう語る。

自分が活躍できるスタート地点に着く前に、自らの思考そのものが退化している若

者が非常に多い。

＊＊

何千人、何万人、何百万人と、脳が萎縮してしまったアメリカ人が増え、アメリカの産業をむちゃくちゃにしている。そのように退化していると、仕事自体が正しいものなのか間違ったものなのかを判断できなくなる。それでは希望がない。そうならないようにするには、**自分が必要だと思うより、少なくとも１００倍の情報にあたるべきだ。ビジネスにおいては、徹底的に考え抜くというプロセスが特に必要になる。**

それは記憶についても当てはまる。多くの成功した経営者、実業家、特に大企業を成功させたような人たちは、例外なく、抜群の記憶力を味方につけているのだ。

しかし、私がここで言っている記憶力を、高齢になりすぎた人に期待するのは酷である。45歳から60歳ぐらいの人は、記憶力だけではなく、専門的な経験や知識があるわけだから、そちらのほうで勝負するという手もある。

とにかく、若い人たちの中で、学校を出て初めて仕事をする段階で、記憶力があまり開拓されていない人たちは、スタートの段階で不利な戦いをせざるをえない。

〔１９２１年に記す〕

若い人たちは、明確な意志を持って継続的に、勉強し働くことができない。そういう能力が退化したのは、教育に最大の原因があると、エジソンは再三、述べている。

教育がなおざりにされたため、自分で考え、新しいことに挑戦できない。そうした思考的な問題を抱えた多くのアメリカ人が、産業をむちゃくちゃにしているというわけである。

これは現代のアメリカにも言えることだ。ＩＴ産業、金融産業が発達したものの、自動車産業や家電産業など、製造業が弱くなったのは、考える努力を見失ったからだろう。過去の栄光や成功に酔いしれ、「創意工夫しなくても、アメリカのものが世界一だ」と慢心した結果、逆に消費者から見放された感が拭えない。

実際、教育をないがしろにして、本当に消費者が求めるものを、徹底的にハードワークで考え抜いていない。まさに、脳が退化したようなアメリカ人が増えたのは、当時も今も変わらない。

しかし、そうならないように、考え抜くプロセスが大事なのだ。それをせず、安易に、「今後も大丈夫だろう」と発想するようでは、今のアメリカ自動車産業界のビッグスリーが直面している状況と変わらない。その危険を、エジソンは１００年前に警告していたわけだ。

若者たちが本当に関心を持って取り組めるように、自分でものを考え、知恵や情報を手に入れる方法を、きちんと学校教育で教えなくてはならないということである。日本も他山の石とすべきであろう。

48 真摯《しんし》に働く、ということ

成功する最大の資質は、
自らが、達成すべき目標と働く意志を
鮮烈に持っているかどうかなのだ。

The main quality for success in my estimation is ambition with a will for work.

エジソンは、成功するポイントとして、世間体やプライドに関係なく働く意志の大切さについて熱く語っている。彼自身が高等教育を受けていない独学の人であったため、高等教育に対する偏見もあるが、野心に関する鋭い指摘は、現代の私たちにも耳が痛い。

私が大卒者をあまり信用せず、積極的に雇用しないのはなぜかというと、要するに、汚れ仕事を嫌がるからだ。

しかも、「自分は大学を出ている」ということだけで、現場ですぐに、作業長とか工長とか、人の上に立つことを望む。

彼らの下で働くことになる人たちは、ほとんど高等教育を受けていないケースが多いわけだが、そういう人たちのことが分からない。

本来なら、高等教育、大学の場で、働くことの本当の意味を学び、経験することが大事だ。

もし成功したいなら、大学教育は絶対条件ではない。何かを成し遂げようという意志、働く意志さえあれば、別に大学教育を受けていなくても、自分のキャパシティーを広げることはいくらでもできる。

アメリカは、もっと技能のトレーニングを受けた人たちを養成しなければいけない。なぜなら、アメリカは商業国家であるからだ。

弁護士はすでにたくさんいるし、医者もたくさんおり、読み書きできる人間も多い。**野心家だけは、掃いて捨てるほどいる。お金をもらえるポジションはたくさんあるが、本当にそれを満たす力を持っている人は少ない。**

自分の価値や給料は、自分で決めるぐらいの判断力がないと駄目なのだ。

これまでの経験から言えることとして、入社後、最初の６週間、１カ月半の様子を見ていると、おそらく、その人はそれと同じように60年間を過ごすことになるだろう。

自分でそれに気づき、自分を変えないかぎり、悪しき習慣が身についてしまう。入社後、最初の1カ月半ぐらいで変わらなければ、ずっと定年まで行ってしまうのだ。例えば21歳で入社し、自分から変わるという意識を持てなければ、生涯、そういうだらけた状態で、チェンジできないことになる。

成功する最大の資質は、自らが、達成すべき目標と働く意志を鮮烈に持っているかどうかなのだ。

〔1922年に記す〕

ものを作る現場は、ダーティーなところもある。ダーティーとは、「不正をする」という意味ではなく、職場が汚れているということだ。ところが大卒の人は、プライドから、そうした環境を嫌がるというわけである。

また、彼らは他人が置かれている状況に対する想像力や理解力に欠ける。これではリーダーシップを発揮できない。

そして、アメリカは商業国家なので、製造業が強くなければならないと述べている。ものの作りの大切さが、忘れられてしまったというわけだ。

自分がどれだけ会社や社会、家族や家庭に貢献でき、どれほど価値を生めるのかを、きちんと判断し、わきまえる。それをせず、「おれは、どこどこの大学出身だから、これだけ給料をもらって当たり前だ」と、自分を客観視できない人が多いとエジソンは嘆く。

そして、**成功するには、常にチェンジ、自分を変えることができるかどうかが肝要**である。チェンジを達成すること自体が、働くという意味なのだ。

こうした言葉は、まさに現代に必要なものだと言えるだろう。

第11章

機械文明の本当の恩恵とは

エジソンへの質問

科学技術の発展により、人類は物質的繁栄の恩恵に浴する反面、唯物的価値観の広がりによる弊害にも呑み込まれようとしています。そうした中、物質的繁栄と釣り合う人類の精神的な進歩について、どのようにお考えですか?

機械化がますます進んでいく中で、私たちが単なる利便性を超え、人間性を取り戻す上で捉えるべきテーマは何でしょうか?

■エジソンの発明工場の内部。レコードの開発に使われた化学薬品の実験室。

■現在は国立の博物館になっている、ニュージャージーの発明工場。

49 機械化と心の問題は、コインの裏表

機械を自由に使いこなす分だけ、人間の心も進化する。

Man will progress in intellectual things according to his release from the mere motor-tasks.

エジソンは、機械をいかに上手に使いこなしていくか、その要諦《ようてい》を見事につかんでいた。心を忘れて機械だけに頼ると、機械の奴隷になってしまう。いろいろな機械や装置が出回るが、それは同時に、**使いこなす人間の側の精神や心が強くなければ、機械に負けてしまう**――。そのように、エジソンは忠告している。

機械というものは、本当は、人間に対する規制や、人間の動きを阻害しているものから自由にしてくれる力があるのだが、そこを使いこなしていない人が多い。

多くの人々は、それこそ奴隷制の時代の名残である人海戦術で、何かを成し遂げようとする。もし、人がもっと機械を自由に使いこなせれば、しかも単純な機械だけではなく、複雑な機能を備えた機械をきちんと使いこなすことができれば、人はより大きなチャンスと幸福を手に入れる道に辿り着くことができる。

人体の、見たり聞いたり触れたり感じ取ったりする機能を、機械の力を借りて増幅することもできる。人間の手で持ち、曲げることができるものは、限られている。人間の頭脳で、どんな方向に機械を位置づけるか。思う方向に機械を利用できれば、人間の能力を飛躍的に高めることにもなる。

＊＊

我々は、機械文明の始まる時代にいるにもかかわらず、まだそれを十分認識していない。

機械を自由に使いこなす分だけ、人間の心も進化する。精神的な面と機械的な面は、対極にあるように思いがちだが、これはコインの表と裏である。

産業界の、工場や生産ラインは、機械のオートメーション化が欠かせない。きちんとコントロールされて、生産現場で次々と設計されたとおりのものを大量に作ることができれば、生産性が上がる。

本当は、便利な機械などを使い、肉体労働から人間を解放すれば、人間の脳を働かせる余力が生まれ、もっと人間が自分の頭で考える自由を手に入れることができる。そういう形に機械をうまく使いこなせば、人間の持っている能力や時間、価値が非常に高まる。

それにより、人間の知的レベルが進歩していく。

〔1926年に記す〕

産業革命の初期もそうだったが、機械が普及すればクビを切られるに違いないと、不安に駆られた労働者の抵抗があった。印刷機などを壊したり、工場を焼き討ちすることさえあった。機械のよさというものが、人間の心と、どう調和をとれるか、互いにどう助け合い、高め合っていくかが理解されないと、野蛮な対応になってしまう。

しかし、人間は機械に対してアウトソーシングできる。つまり、単純な肉体作業などを機械に任せることによって得た余裕の部分で、想像力を働かせることができれば、人間の進歩は無限に続くだろう、というわけである。要は、人間が主役であることを忘れないことが大事なのだ。

50 人間機械論の社会主義を克服する方法

社会主義は、
それを国家の体制として採用している
ロシアの現状を見ると、
人間を機械のように扱っており、
誰も満足していない。

So far Russia is the most socialistic country and everything there is like a machine and nobody likes it.

機械文明の中に生きる人間が、自身も機械の一部とされてしまう社会とは——。社会主義の問題点に関して、エジソンは次のように本質を見抜いていた。

社会主義は、それを国家の体制として採用しているロシアの現状を見ると、人間を機

械のように扱っており、誰も満足していない。人々が機械の歯車として働かされている、それが現実になっているのがロシアだ。そうした人間の機械化が、学校教育でも教え込まれる。

しかし、学ぶということは、誰でも簡単にできて、しかも楽しく自由にできる環境がないと駄目なのだ。それを実現するために、私が発明した映画を利用した教育を子供たちに施したい。

＊＊

社会主義者の連中は、もし本当に、社会主義を世界に広め、立派な国や社会にしたいと思うのであれば、彼らが今やっている教育や社会のシステムを変え、人間を主人公にしたものにする必要がある。国民すべてを、死んだも同然の、機械の部品の一部としか扱わないようなシステムでは人は能力を発揮できない。

＊＊

もし社会主義が本当に成功し、理想的な社会が実現できるなら、その時に社会主義の国々の中心になる人たちは、創造性あふれる仕事をする人たちに、無制限に自由を保障することが前提条件となる。

私もいろいろな発明をしているが、発明を成功させる動機はビリヤードのプレーヤーの発明と同じである。どういうことかというと、毎回プレーするたびに今までより上達し、記録が少し上向く。常に練習を自由に繰り返すことによって段階が上がっていくという、達成感が必要なのである。

私は、一つの発明から得た利益を、次の発明のための研究開発の原資とする。もし社会主義の国が自分を招待してくれて、常に研究や発明に必要なお金をずっと投資してくれるのであれば、私も発明を続けられるだろう。しかし、資金をストップしたり、自由な発想のもとでの研究や発明をさせてくれないようになれば、私はその時点で、社会主義の体制とおさらばする。

〔1914年に記す〕

それこそ、チャップリンの映画『モダン・タイムス』で主人公が単純作業を繰り返すシーンが現実化しているのがロシアだということを、エジソンは指摘している。

平等な社会を実現するために、社会主義的発想をするのも分からなくはないし、実現しようとする国家や体制があってもおかしくはないが、社会主義が機能するには、人々が自由に学び考える環境が必要であるということだ。**人々が唯物的に部品として扱われることが、社会主義のうまくいかない原因だ**と、ズバッと指摘している。モスクワから招待されたエジソンだが、間接的に「NO」と回答したに等しい。

51 人間らしくあるために、機械を使いこなす

人間にもっと自由や、
時間的、物理的余裕を持たせるために
効率よく機械が
使われるようになれば、
人間は奴隷的状態から解放される。

Human slavery will not have been fully abolished until every task now accomplished by human hands is turned out by some machine, if it can be done as well or better by a machine.

機械によって人間は解放され、精神の自由を得ることができる。この心の余裕が創造性につながることを、エジソンはよく知っていたのだ。

奴隷制の歴史は、言ってみれば人間を機械の代わりに使っていた歴史なのである。

しかし、それでは人間の精神の楔《くさび》というか、自由は得られない。

頭脳の働きをもっと自由に羽ばたかせることで、本来あるべき人間らしい、人間が主役という意味での機械の使い方を追求すべきである。

＊＊

本当に人間が解放され、黒人の奴隷などがいなくなる社会を実現するには、機械を、人間ではできないことのために使う。あるいは、**人間にもっと自由や、時間的、物理的余裕を持たせるために効率よく機械が使われるようになれば、人間は奴隷的状態から解放される**ことになるだろう。

＊＊

アメリカ人は、世界で最も多く機械を使っている。アメリカの労働者は手先がなかなか器用だから、六つのロボットアームというか、六つの機械を自由に使いこなせる。ドイツ人は五つ、フランス人も五つ、イギリス人も五つしか使えない。中国人は不器用だから、たった一つしか使えない。

機械で作られたいろいろな製品、洋服、装身具なども、中国製は質がいまひとつである。もし中国が、欧米と同じように発展したいと思えば、やはり機械を使いこなす力を身につけなくてはならない。

将来のことは分からないが、今の時点で言うと、中国人は、一人が一つの機械を使いこなすのが精一杯のようである。
機械によって人間の思考が解き放たれ、もっと創造的な時間を大切にできるようになるだろう。

〔1926年に記す〕

オバマ新大統領のような、アフリカ系アメリカ人の先祖は、奴隷としてアメリカに連れてこられた。彼らはまさに人間ではなく、人間に仕える機械として連れてこられ、過酷な条件で、白人の言うがまま機械のように使われていた。

そのように、同じ人間ながら、肌の色が違う、生まれた場所が違うことで、人間が人間を機械のように奴隷として使うようでは、人間の将来は限界にぶつかる。

一方でエジソンは、中国人の創造力をけっこう低く見ていたようだ。彼らがたった一つしか機械を使いこなせないという理由から、中国人の創造力は、欧米人の5分の1か6分の1という結論を導き出していた。

つまり、中国が発展するのはずいぶん先になるという予測を、100年前に述べているわけである。

52 生産過剰にならない理由

上質の肥料を
産業界に与えるような役割を、
機械が果たしている。

No man should rail against machine-power. It is application of good fertilizer to industry.

物理的な供給過剰はあっても、精神的な満足を満たすものに限界はないとエジソンは言う。

唯物的にのみ捉えると、どうしてもゼロ・サム発想に陥ることを、エジソンは見抜いていた。

最もばかばかしく、しかも繰り返し言われていることだが、「機械が人間に取って代わると、供給過剰になってしまう」と、多くの人は言う。しかし、そんな話はありえない。

人間が食べる以上のものを作れば余ってしまうので、生産はストップする。体内で、「おなかはいっぱいだ。これ以上は受け付けない」と満足してしまうのは、胃袋だけだ。

しかし、頭脳が求めている新しい知識や新しい経験、あるいは、より精神的な充足感や、自分の置かれている環境を快適にしたいという願望には、限界がない。

そういう精神的な満足感を満たすものは、どれだけたくさん与えても、人間の細胞や脳は、全部受け入れてくれる。

そういうものの供給過剰は、杞憂《きゆう》にすぎない。

人間の意識を元気づけるためのものを大量生産し、豊かに提供することは、社会にとって欠かせないことなのだ。

しかも、多くのものを生産するには、機械の力を借りないと無理である。したがって、機械に対していたずらに抵抗したり、「それは危険だ」などと言う必要はない。**上質の肥料を産業界に与えるような役割を、機械が果たしている**からだ。

〔1926年に記す〕

エジソンは、精神的な部分を満たすものは、どんなに生産しても、供給過剰に陥ることはないと断言する。

要するに、ある意味では機械に対して歯止めをかけながら、同時に、機械の持っている生産性、生産力を、精神的余力を生み出すために生かさない手はないということである。

第12章

チャレンジし続け超科学に踏み出せ

エジソンへの質問

先見性は、いつの時代にも大きな付加価値の源泉です。その意味でも、目に見えない世界を熱心に研究したあなたの先見性には、驚くばかりです。あなたは、死後の生命などについて、どのように理解していましたか？　また霊界通信機を研究していましたが、なぜでしょうか？

■1933年当時の雑誌「MODERN MECHANIX」には、エジソンが考案した霊界通信機などが紹介されている。

53 死後の世界を科学的に探究する

私が今、発明しようとしている
このバルブを使うと、
どんな小さな音でも、人間が
聞き取れるような形で受け止められる。
亡くなった人の霊、あるいは意識と言える
魂の波動を捉えるための機械である。

So with my "valve", whatever original force is used upon it is increased enormously for purposes of registration of the phenomena behind it.

エジソンの日記やメモをまとめた『The Diary AND OBSERVATIONS OF THOMAS ALVA EDISON』の最終章は、「Life after death」という節から始まる。いかに人間の意識が不変のものであるか、エジソンの強い確信とそれを実証するためのマシーンの開発に対する熱い思いが語られている。

そして、「亡くなり来世に行っている人たちと、必ず交流できる」と彼は繰り返し述べている。

「Life after death」とは死後の世界という意味だが、彼は、多くの人が、自分の意識や思いが不滅の魂として残ってほしいと思っているにもかかわらず、そのことに対してきちんと科学的な検証が行われていないと言う。

そこで、自らが発明家として、この未踏の分野に挑戦しようとの決意表明に至るのであった。

私の仕事は、これまでもそうだったし、現在も、科学的な調査や研究をする人たちに装置を提供することである。どんな装置かというと、船乗りにとってのコンパス、羅針盤のようなものだ。それがあれば、**死後の世界を探究しようとする人たちが、きちんと科学的な基礎、土台に則って研究ができる。そういうことを私はサポートしたい。**

この装置、機械というのは、イメージ的に言えばバルブのようなものだ。分かりやすく言うと、メガホン。つまり、実際の人の声を、メガホンは拡大して伝えることができる。それと同じようなものを、私はイメージしている。

私が今、発明しようとしているこのバルブを使うと、どんな小さな音でも、人間が聞

き取れるような形で受け止められる。亡くなった人の霊、あるいは意識と言える「魂の波動」を捉えるための機械である。

私の発電所で起こした電気を遠くまで送る電線と同じように、人間が、小さな力で大きなエネルギーを生み出すのと同じ原理と、私は捉えている。

今のところまだ、私は、人間の個性とか意識が、死後の世界でもきちんと生き残っていることを証明できたとまでは言えないが、自分が今発明しようとしている機械を使うことで、そういう意識をキャッチできれば、逆に、死後の世界にもきちんと人の意識は生き残っていることを証明できることになるだろう。

正直に言って、今、多くの人が信じているような生と死に関する理論を、私は受け入れることができない。

正しいか間違っているかは別にして、私が信じているのは、生命というものは破壊されることはない、生命というものをなくすことはできないということだ。しかも私は、この地球上には限られた量の生命体が常に存在していると信じている。一定量の生命体であるから、それを増やすこともできなければ減らすこともできない。

私はそう信じている。だが、だからといって、一人ひとりの個性が死後もきちんと生き残っていることを証明したことには、まだならない。おそらく将来、そういうことが証明される時が来るとは思う。

今、私が開発しようと思って研究している、バルブのようなこの機械を使えば、そういうことが証明できるかもしれない。

〔1922年に記す〕

エジソンが説明するメガホン型の装置とは、いわゆる霊界通信機を指している。一般的には、「肉体が滅びると共に意識もなくなってしまう」とされがちだが、自分はその説を受け入れることはできないと、エジソンは繰り返し述べている。

54 生命は他の惑星からやってきた!?

現在、我々が当たり前だと思っているような生命の進化は、宇宙から送り込まれてきた生命に起源がある。

Reaching the earth, they adapted themselves to the environment they found here; and then began the evolution of the various species as we have them.

エジソンは、「人間がどこから生まれてきたかということに関しては、いろいろな経緯がある。しかし、納得できる説明は、これまで目にしていない。やはり、外から送り込まれてきたと考えるべきではないだろうか」と述べている。

ビッグ・バン以降、宇宙ができ地球が誕生した時、最初はマグマが燃え盛っていた。それが冷えたところで、最初の生命が宇宙からやってきた。その生命は、宇宙のより進んだ世界から送り込まれ、地球に到達して、地球の環境に適応した。

現在、我々が当たり前だと思っているような生命の進化は、宇宙から送り込まれてきた生命に起源があるのだ。

その一つひとつの生命体は、中にいるリトル・ピープルがさまざまな経験を踏んで、成長してきた。

＊＊

宇宙的に見ると、動物と野菜に、ほとんど差異はない。動物も野菜も、生命という観点で捉えると同じである。しかも、生きているものと死んでしまったものとの違い、これも大したことはない。そのあとで、もう少し、はっきりとした結論を出す必要はあるものの、自ら移動できる生命と固定された生命に違いがあるように見えるが、畢《ひっ》竟《きょう》、そのようなものは、宇宙的な視野から見ると大した違いではない。

〔１９２０年に記す〕

我々の体は、60兆個以上の細胞でできていると言われているが、細胞一つひとつに、電子とも言える、小人のようなリトル・ピープルが住んでいると、エジソンは仮説を立てていた。そして、リトル・ピープルという生命体の源は、みな同じ宇宙から生まれたものであると、考えていたのだ。

無数の生命体は、あらゆる生き物の中に生き続けているので、破壊することはできない。この顕微鏡でも捉えることのできないリトル・ピープルたちが、我々の体を常に活性化させ、動かしているというわけだ。

しかも、こういった生命体一つひとつが記憶を保持している。

たとえば人が火傷をし、それが癒えて皮膚が元に戻ると、火傷する前と同じ指紋などが浮かび上がってくるということは、人間の体を構成している一つひとつの細胞までが、記憶を持っているからであり、偶然にそうなるということはないと、エジソンは信じていたのだ。

55 常識を突き崩すアインシュタインのように

アインシュタインのような、
常識にとらわれない発想の持ち主が
多ければ多いほど、
世の中はよくなる。

Einstein has shown the world the sort of thought it needs, and it needs it along many lines. The more Einsteins we can get, the better.

もの作りという現場で活躍したエジソン。理論物理学という科学の世界で大きな発見をもたらしたアインシュタイン。二人はまったく別の世界で生きていたように思われがちだが、現実には同じ時代を生き、互いに刺激し合う仲であった。そのため、年長のエジソンは、自分にない科学的発想の持ち主であるアインシュタインに常に敬意を表していた。また、アインシュタインもエジソンの着眼力や発明力には一目置いていたようである。

エジソンのライバルでもあったアインシュタインの話が、次のように書かれている。

アインシュタインのような、常識にとらわれない発想の持ち主が多ければ多いほど、世の中はよくなる。あらゆる科学分野において、その世界、分野でのアインシュタインに登場してほしい。

なぜなら、地球上に限らず、宇宙に視野を広げれば、解明されていないことがあまりにも多いからである。新しい発見がどんどんなされていかないと、世の中は進歩しない。

多くの分野において、考え方を改めないと駄目である。アインシュタインがやったように、それまでの常識や理論をどうやって突き崩すか。それにより、どうやってより真理に近づくことができるかなのである。

〔1920年に記す〕

進歩は、真理に近づくためのプロセス――。

常識にとらわれないことでは、エジソンも負けていないが、こうした知の巨人たちが同時代を牽引していったことを思うと、そのダイナミズムに圧倒されるばかりである。

56

人間の中枢は脳ではない

我々人間は、ものを考えることは、みんな脳でなされていると信じている。しかし、そうではない。

Tell me that our brains are the sole seat of our intelligence?

現代社会でも論じられるようになってきた唯脳論への反論を、100年も前に、エジソンは実にユニークな視点で論じている。

我々人間は、ものを考えることは、みんな脳でなされていると信じている。しかし、そうではない。なぜなら、人間の肉体行動は、70%は脳と関係なく、無意識のうちに肉体が反応している。脳のコントロールを超えたところで、我々の体の70%は、反応しているのである。

人間の体には血液が循環しているが、いちいち脳が「こうしろ、ああしろ」と指示を出してはいない。肺も胃も腸も、人間の生命の維持に欠かせない内臓器官はみんな、意識とはかけ離れてきちんと機能しているではないか。それは、各々の器官に宿っている生命体であるリトル・ピープルが、必要な役割をきちんと果たしているからだ。

にもかかわらず、**人間の脳がすべての判断や知識の中心だと考えること自体がばかばかしい。**判断力に欠かせない知識とは、人間の体のあらゆるところに蓄積されているのである。

＊＊

我々の五感は、我々の肉体の外側に存在している、さまざまな状況、コンディションに合わせ、本来、その変化を察知し、対応できるように機能する力があるはずだ。

脳に巣くっているリトル・ピープルたちは、高等なワーカーである。それ以外の体のあちこちに散らばっているのはプロレタリアートのリトル・ピープルと言えるだろう。

しかし彼らも危険な判断ミスを起こすことがある。多くの政治家が判断ミスをするのと似ている。どんなミスかというと、「プロレタリアート、労働者階級は知恵がない。頭が悪い」と思ったりすることである。

なぜなら、あちこちで働いているプロレタリアートの労働者が頑張って、特殊な能力をきちんと発揮しているから、政治家も、組織も、より高度な任務、仕事ができるようになるからだ。それと同じで、リトル・ピープルも、そういう新しい技能を身につけて進歩していくわけで、見えない部分で人間を支えているリトル・ピープルの存在ほど必要なものはない。

〔1920年に記す〕

たとえば、人間の血圧をコントロールするアドレナリンが発見される前には、そういうものが存在しているとは誰も思わなかった。このような驚異的な発明や発見を、今後も続けていかないと、人間は新しい環境に適応できなくなるだろう。

同じような観点から、エジソンは、脳についても人々のあまりに狭い捉え方にあきれんばかりになっていた。

そしてエジソンは、自分がいちばん偉いと思っているような、一部の政治家や役人を厳しく皮肉ってもいる。

57 霊界通信機は実現する

我々の個性、人間性、意識は、
肉体が変わっても
ずっと生き残っていけるはずだと、
私は期待している。

I do hope that our personality survives.

エジソンは、自らが発明しようとしている機械のことを、他のテーマ以上に一生懸命、力を入れて説明している。

なぜなら、我々に語りかけたい、何かを伝えたいと思っている生命体が、意識として飛び交っている。あるいは、別の形で、身の回りや自然の中にも生き続けている。そういう、我々と交流したいと思っている意識があるなら、それを受け止める機械さえ作れば必ず交流できると、彼は固く信じていたからであろう。

それが、いつできるのか。「もうじきだ」と彼は日記で予言をして、来世に旅立っている。

一つの生命体から他の生命体に移動した意識をきちんとキャッチできる機械を、何とか作りたい。

しかし、そういう機械はすごくデリケートなのだ。

そういうことを知らず分からないままに、ワーッと家が動いたり、ベッドの上で体がボンボンと飛び上がることで、霊が存在する、意識が漂っていると言う人もいるが、私はそういう非科学的なアプローチをとらない。今生きている我々と交流したいと思っている生命体の意識が飛び交っているなら、どうにかして、たとえデリケートな信号やメッセージでも、きちんと受け止める機械を作りたいのだ。

＊＊

なぜあなたがあなたで私がエジソンかというと、それは、あなたにはあなたの、私には私の、リトル・ピープルの集団が巣くっており、彼らが、どのようなリーダーとワーカーとの組み合わせの影響下にあるかによって個性が決まるからである。善によるリーダーのもとに委ねられているか、悪に向かう強いリーダーに指導されているかでまったく違う人格となる。

いずれにせよ、**我々の個性、人間性、意識は、肉体が変わってもずっと生き残っているはずだと、私は期待している。**そうであれば、私が今、発明しようとしている霊界通信機には、意味がある。

これこそ、私がこれまで手掛けた最も繊細な機械だ。その完成を、心から期待して待っている。

〔1920年に記す〕

＊＊

この機械は、間違いなく近い未来に発明できる。まだ完成し、証明できたとは言えないが、彼自身が今までそういう意識を宇宙や自然から受け取り、これだけの発明ができたという自信があるからこそ、完成を確信していたに違いない。

エジソンは過去に生きた人々の意識が分かった上で、彼らのメッセージやアドバイスにも耳を傾け、自分という肉体を通じて実験し、設計図にまとめ、成功させ、そして市場に出した、と述べている。

『The Diary AND OBSERVATIONS OF THOMAS ALVA EDISON』のいちばん最後は、この霊界通信機への希望で締めくくられている。

エジソンの思いをあらためて酌み取れば、自分の考えを広めることにより、出資者や投資家に、何とか早く霊界通信機に資金を出してもらい研究成果につなげたいというアピールもあっただろう。

「そんなものはできっこない。ありえない」と思ってしまえば、それでもう終わりである。霊界通信機の実現は、エジソン最後の未完の彼の発明品、最も大きな希望だった。エジソン最後の願いに思いを致すと、現代社会に生きる私たちも、大いに触発されるものがある。

チャレンジし続けること、あきらめないこと、そして未知の領域にも常に飛び込む勇気を持つこと。これこそがエジソンの最大のメッセージである。

1日5分 成功する話の聴き方

鈴木 絹英 著

傾聴ボランティア育成の第一人者が伝授する、人間関係がラクになる話の聴き方実践法。①相づち②繰り返し③言い換え・要約④質問⑤共感的励まし⑥支持⑦問題解決の「7つの聴く技術」で職場のギクシャク、家庭のいさかいが解消する！

定価1,260円
（本体1,200円）

自己能力を10倍高める トランスフォーム仕事術

松本 幸夫 著

4速スキル「速読」「速考」「速書」「速プレ」で、人生のステージが上がる！ 読書量を20倍にする方法、現実を突破する発想術、評価が上がる企画書の書き方、心をつかむプレゼンのコツなど、実績に基づく究極のスピードスキルを伝授。

定価1,470円
（本体1,400円）

世界トップの企業家&CEOが明かした「私の働き方」 シークレット アドバイス

「フォーチュン」編集部 編著
桜田 直美 訳

世界120カ国、500万人の読者を持つ「フォーチュン」誌が徹底取材！ マイケル・デル、アンディ・グローブ、ビル・ゲイツをはじめ世界のトップリーダーが、起業のプロセスや仕事の習慣術など貴重なアドバイスを提供。

定価1,575円
（本体1,500円）

ハーバード大学人気No.1講義 HA《ハ》PPI《ピ》E《ア》R《ー》 幸福も成功も手にするシークレット・メソッド

タル・ベン・シャハー 著
坂本 貢一 訳

世界20地域で発刊された全米ベストセラーがついに登場。全米メディアが絶賛の、「成功して幸福になる秘訣」が解き明かされた!! ハーバード大学で受講学生数第1位となった講義が、本邦初公開。

定価1,575円
（本体1,500円）